# 选择你的工作方式（WoW）！

## 规范敏捷法优化你的工作方式

### 第二版

斯科特·安布勒（Scott W. Ambler）
马克·莱恩斯（Mark Lines）

已申请国会图书馆"出版品预行编目"数据。

姓名：Ambler, Scott W., 1966- 作者。| Lines, Mark, 1964- 作者。

书名：选择你的工作方式（WoW）！：规范敏捷法优化你的工作方式 / 斯科特·安布勒（Scott W. Ambler）、
　　马克·莱恩斯（Mark Lines）

说明：第二版 | Newtown Square, Pennsylvania : Project Management Institute, Inc., [2022] | 内附参考书目和索引。|
　　小结："世界上已有数百家组织受益于规范敏捷交付（DAD）。规范敏捷（Disciplined Agile®，DA）
　　是唯一可用于指导建立高绩效敏捷团队和优化工作方式（Way of Working，WoW）的全面工具箱。
　　作为领先的敏捷、精益和传统方法的混合体，DA提供数百种策略，帮助你在敏捷团队中做出更好的决策，
　　平衡自组织与独特企业环境下的现实和制约。"——出版商提供。

标识符：LCCN 2021062503 (print) | LCCN 2021062504 (ebook) |
　　ISBN 9781628257540 (paperback) | ISBN 9781628257557 (ebook)

主题：LCSH: 敏捷软件开发。| 项目管理。| 职场上的团队。

分类：LCC QA76.76.D47 A42525 2022 (print) | LCC QA76.76.D47 (ebook) | DDC 005.1/112--dc23

国会图书馆记录请访问网址：https://lccn.loc.gov/2021062503

国会图书馆电子书记录请访问网址：https://lccn.loc.gov/2021062504

ISBN: 978-1-62825-774-8（中文版）

出版商：　　Project Management Institute, Inc.
　　　　　　14 Campus Boulevard
　　　　　　Newtown Square, Pennsylvania 19073-3299 USA
　　　　　　电话：+1 610 356 4600
　　　　　　传真：+1 610 356 4647
　　　　　　电子邮件：customercare@pmi.org
　　　　　　网站：www.PMI.org

如需下订单或了解价格信息，请联系独立出版商集团：

　　　　Independent Publishers Group
　　　　Order Department
　　　　814 North Franklin Street
　　　　Chicago, IL 60610 USA
　　　　电话：800 888 4741
　　　　传真：+1 312 337 5985
　　　　电子邮件：orders@ipgbook.com（仅供下订单）

# 序言

**所有模型都是错误的，但有些模型是有用的。**

——乔治·博克斯（George Box），1978年

你很特别；你是一朵美丽而且独一无二的雪花。你的家人、你的朋友、你的社区、你的团队、你的同辈、你的同事、你的业务领域、你所在组织，无不如此。在人员配置、行为规范、过程、当前状态、障碍、客户、品牌、价值观、历史、习俗、身份认同、"工作方式"上，没有一家组织与你所在组织相同。

你所在组织的行为是自然显现的。整体大于部分之和，整体具有个体所没有的独特属性。在空间中发生的作用会改变空间。个人和集体的行为在变革引发的事件上发生变异并自行组织。干预是不可逆转的，就像往咖啡里加奶一样。系统会变化。人们不会忘记发生的事情和结果。系统会学习。下一次，对变革事件的反应将有所不同，或好或坏，都将反映上次发生的情况并基于激励措施。你的环境不仅是独一无二的，而且还在不断变化，并且其变化方式也在改变。

由于这种独特性、显现性和顺应性，不可能以同一套实践来优化每一种环境下的结果。一套实践可能会在某个时点改变一种环境下的结果。随着时间的推移，系统随着新的障碍和新的驱动因素而发生变化，它将不再是最优的。一种做法无法适用于所有情况。没有包治百病的灵丹妙药。你所在组织有数十种、数百种或数千种环境中的环境，每一种环境都是独一无二的。在许多环境下以一种做法套用所有情况或许能使一部分船只浮起来；但也会使其他船只沉没，并阻止更多船只浮起。

实践固然重要，但如何应用这些实践也很重要。为了持久改进并将敏捷思维方式应用于敏捷策略，控制点必需在内部。人们需要在护栏内拥有自主权和授权，以便能够进行试验，改进预期的结果。高度一致和高度自治都是必需的。不能自上而下强加，这只能削弱主动精神，而且控制点在外部。如果是强加的，人们就不会对发生的事情负起责任，还会故意做有害的事情，这种行为称为代理状态。

## iv 选择你的工作方式（WoW）！

规范敏捷（Disciplined Agile®，DA™）旨在迎合这些现实，即独特性、显现性和顺应性的特征。规范敏捷提供了护栏、指导和企业意识。它在这方面是独一无二的。它提供了一套通用的词汇、最小可行护栏，进而使团队和团队的团队拥有授权和自主权，可以通过内部控制点，以其认为合适的方式来改进结果。例如，并非每个人都应该遵循强制的、同步的、基于迭代的方法。根据我的经验，在一个具有多种环境的大型组织中，同步迭代适合一种环境（例如，一个产品有许多团队，团队对该产品的精通程度低，且团队之间的依赖关系尚未得到消除或缓解），不适合其他99种环境。它没有将敏捷思维模式应用于敏捷策略。一些业务领域最好从一开始就采用看板方法，特别是如果存在一种"谁发现问题，谁就被批评"的病态文化时。演进胜于革命，重视演进，才有进步的机会。革命就会斗争；造成缺乏心理安全感，抵抗意识会很强。对于一些业务领域，在敏捷之岛上以这种方式工作超过20年，且心理上有安全感的人，可能会选择采取一种更为革命性的方式，因为这时的土壤更肥沃，人们更有意愿，也会从正面看待试验失败。

规范敏捷能在多元复杂的组织中采用异构而非同质的方法。它包括"选择是好事"、"环境很重要"和"企业意识"等原则。它推行组织所需的纪律，而不会强制执行不适宜的规定。它提供了一种通用的语言，并结合过程目标，提供在精通程度不一的独特环境下可以考虑的选项。这要求人们主动思考而不是遵从命令，具有主人翁精神并进行试验来取得特定的结果，而不是为了敏捷而追求敏捷。这比照处方抓药或遵从命令更难，它需要服务型领导和指导，就像学开车、滑雪、演奏乐器、在管弦乐队演奏或从事团体运动一样。由于一种做法无法适用于所有的情况，因为没有既定的公式（例如在全公司复制"Spotify模型"是一种谬误，连Spotify®都说这不是Spotify模型），这种环境敏感式的、重邀请而非强加的方法会带来更好的结果，也更有可能坚持下去，因为它来自内部，控制点是内部的，是有人主动负责的。不能把责任推卸给别人，也没有人会人为地拉长松紧带。它始于构建持续改进的力量。

在规范敏捷中，如果团队选择采用Scrum，基于Scrum的规模化模式，例如LeSS、SAFe®、Nexus®、或Scrum at Scale，或者采用基于演进式拉动的、有限WIP（在制品）方法，以期在其独特的环境下优化结果，他们可以这样做：#allframeworks，不是#noframeworks或#oneframework。在整个组织中，DA提供了最小可行的通用性和任何公司都需要的指导，最简单的公司除外。

你聘请规范敏捷团队所做的工作是启用环境敏感式异构方法来推行敏捷，进而最大化整个组织的结果。与所有事物一样，将其视为出发点，而不是目的地。随着整个组织范围内精通程度的提高，要继续检查和调整。对于那些希望在异构组织中优化工作方式的人来说，本书是必不可少的指南。

**乔纳森·斯玛特（Jonathan Smart）** @jonsmart
德勤企业敏捷组长
巴克莱银行工作方式(Ways of Working)前主管

# 前言

软件开发极为直白，如果胆子够大，软件开发很可能是现代组织中最简单的工作。它几乎完全不需要技术性技能，几乎不需要开发人员相互协作，而且非常繁琐和重复，任何人都可以通过遵循一个简单、可重复的过程来创建软件。屈指可数的软件开发技术是几十年前建立和约定的，只需短短几天就能轻松学会，为所有软件从业者所接受和熟知。我们的利益相关者可以在生命周期的早期清楚地传达他们的需求，能随时与我们交流，渴望与我们合作，并且永远不会改变想法。过去创建的软件和数据源质量高，易于理解和演进，并带有全自动回归测试套件和高质量的支持文档。软件开发团队始终可以完全控制自己的命运，并得到有效的公司治理、采购和融资实践的支持，这些实践反映并推动我们所面临的现实。当然，雇用和留住有才华的软件开发人员也很容易。

可惜，上面这段话与你所在组织今天面临的情境相去甚远。软件开发是复杂的，软件开发人员的工作环境是复杂的，所用技术是复杂而日新月异的，要求我们解决的问题是复杂而不断演进的。是时候接纳这种复杂性，接受我们所面临的情境，并选择正面应对。

## 为什么你需要阅读本书

敏捷原则之一是团队应该定期反思并努力改进其策略。要做到这一点，一种方法是帆船回顾游戏，即询问什么是阻碍前进的锚，应该留意怎样的岩石或风暴，以及风帆要靠怎样的风推动我们走向成功。那么，让我们以某位希望帮助团队选择和发展其工作方式（WoW）的人（假设是你）为环境，针对敏捷产品开发的当前状态来玩这个游戏。

首先，有几件事可能会阻碍我们：

1. **产品开发很复杂**。作为专业人士，我们之所以得到高报酬，是因为我们所做的事情很复杂。我们的工作方式（WoW）必须解决如何以多种方式处理软件/产品开发的需求、架构、测试、设计、编程、管理、部署、治理以及许多其他方面。它必须描述如何从头到尾在整个生命周期中做到这些事情，并应对团队面临的独特情境。本书在许多方面为软件开发人员所面临的复杂性树立了一面镜子，并提供了一个灵活的、环境敏感型的工具箱来处理这种复杂性。

2. **敏捷工业综合体 (AIC)**。2018年8月，马丁·福勒（Martin Fowler）在墨尔本的一次会议主题演讲中，提出了"敏捷工业综合体"（AIC）一词[Fowler]。他认为，我们现在处于AIC时代，将规定性框架强加给团队乃至整个组织已经成了常态，这大概是为了让管理层对这种疯狂的敏捷事物能有一点控制吧。在这样的环境中，由所选框架定义的一组过程现在将被"部署"，而无论这对你的团队是否有意义。我们正在部署它，你会喜欢它，你会以主人翁态度对它负起责任——但不要梦想尝试改变或改进，因为管理层希望"限制团队过程的可变性"。正如肯尼芬（Cynefin）所建议的，你无法通过应用简单的解决方案来解决复杂的问题[Cynefin]。

3. **敏捷增长巨大，经验丰富的教练供不应求**。尽管有许多优秀的敏捷教练，可惜人数仍然无法满足需求。卓越高效的教练具备优异的人际交往技能，并在其提供指导的主题上有多年的经验，而不是只接受了几天的培训。在许多组织，我们看到在工作中有效学习的教练，他们在很多方面就像是只比学生提前阅读一章的大学教授。他们能应对直白的问题，但凡是超出AIC过程规定范围的问题，就力不从心了。

还有几件事需要留意，因为这可能会导致我们搁浅：

- **虚假承诺**。你可能听说过，敏捷教练声称采用敏捷策略能将生产力提高10倍，却拿不出指标来证明这些说法。或者，你可能读过一本书，书的标题声称Scrum使你事半功倍[Sutherland]？而实情是，平均而言，组织内小型团队的改进接近7-12%，而规模化团队的改进则接近3-5% [Reifer]。

- **更多银弹**。如何杀死狼人？一发银弹足矣。二十世纪八十年代中期，弗雷德·布鲁克斯（Fred Brooks）告诉我们，你无法通过在软件开发领域做出一项改变，或是通过购买某项技术、采用某个过程或安装某个工具，就能够如愿以偿地获得数量级的生产力提升[Brooks]。换言之，无论哪种体系做出什么承诺，比如接受2天培训后成为"认证的大师"、接受4天培训后成为项目集顾问，或其他任何的速成承诺，实际上软件开发都没有灵丹妙药。你需要的是技术娴熟、知识渊博的人，而且这些人还能如你所愿，有着丰富的经验，能够有效合作。

- **推崇流行的过程**。我们经常遇到这样的组织，其领导层把软件过程的决策过程简化为"问问行业分析公司现在流行什么"或"我的竞争对手采用什么？"，而不是什么最适合我们的情境。虚假承诺助长了推崇流行过程的做法，而领导层希望找到一帖灵丹妙药，来应对他们在改进组织过程方面所面临的重大挑战。大多数敏捷方法和框架都是规定性的，无论其营销宣传怎么说。从现有的数千种办法中拿出屈指可数的几种给你，而没有给出用于定制这些办法的明确选项，这差不多就是规定性的。我们明白，许多人只想被告知该怎么做，但除非那种方法/框架的确能应对你面临的真正问题，否则，采用这种方法/框架，对解决问题不会有多大帮助。

幸运的是，有几件事是推动你阅读本书的"风帆"：

- **它承认你的独特性**。本书认识到你的团队是独一无二的，所处情境也是独一无二的。不对"包治百病"的过程做出虚假承诺，以免造成严重混乱，风险巨大。
- **它承认你面临的复杂性**。规范敏捷（Disciplined Agile®，DA™）有效地为你所面临的固有复杂性提供了一面镜子，并列出易懂的示意图来帮助指导你的过程改进工作。不提供简单化的灵丹妙药式方法或过程框架来掩盖你所在组织面临的无数挑战，与某些人向你推销的认证培训相悖。
- **它提供了明确的选择**。本书为你提供了能够作出更好过程决策、进而带来更好结果的工具。简而言之，它使你的团队能够以主人翁态度对待自己的过程，选择能反映组织整体方向的工作方式 (WoW)。关于引导持续改进（GCI），本书介绍了一种已经过检验的策略，这是一种基于团队的过程改进策略，而不是天真地采用"流行的过程"。
- **它提供不可知论的建议**。本书不局限于提供单一框架或方法的建议，也不局限于敏捷和精益。我们的理念是寻找好的想法，而无论其来源如何，并认识到并无什么最佳实践或最差实践。学习一种新办法时，我们力求了解其优点和缺点，以及适用或不适用的情境。

在培训中，我们经常听到这样的评论："我要是五年前明白这一点就好了"、"但愿我的Scrum教练现在能明白这一点"或"参加这个研讨会前，我以为我对敏捷开发了如指掌，我错了。"我们感到，关于本书，你也会有同样的感受。

## 本书的编排

本书分七章：

- **第一章：选择你的工作方式（WoW）！** 规范敏捷（DA）工具箱概述。
- **第二章：规范化。** 规范敏捷实践者的价值观、原则和理念。
- **第三章：规范敏捷交付简述。** 概述规范敏捷交付（Disciplined Agile Delivery，DAD），即DA工具箱的解决方案交付部分。
- **第四章：角色、权利和责任。** 关于个人和互动的讨论。
- **第五章：过程目标。** 如何专注于过程结果而不是遵循过程规定，以便团队拥有适合目的的方法。
- **第六章：选择正确的生命周期。** 团队如何能以独特的方式工作，但仍然以一致的方式得到治理。
- **第七章：规范的成功。** 从这里走向何方。

当然，还有补充资料，包括参考文献、缩写列表和索引。

## 这本书是为谁写的

本书是为希望改进团队工作方式（WoW）的人而写的。它适合那些愿意跳出"敏捷框框"来思考并尝试新工作方式（WoW）的人，而不追求敏捷的纯粹。它适合的目标读者意识到环境很重要，每个人面临独特的情境，将以自己独特的方式工作，并且同样的过程并不适合所有情境。它适合的人意识到，尽管所处情境独一无二，但其他人以前也遇到过类似的情境，并且已经想出了可供你采用和定制的各种策略——你可以重新使用他人的过程经验，从而将你的精力投入到为组织增加关键业务价值之中。

我们写这本书的宗旨是以DAD部分为重点，简要介绍DA。

## 致谢

我们感谢以下人士在本书撰写过程中的辛勤付出和宝贵建议。没有你们，就没有本书。

Beverley Ambler

Joshua Barnes

Klaus Boedker

Kiron Bondale

Tom Boulet

Paul Carvalho

Chris Celsie

Daniel Gagnon

Drennan Govender

Bjorn Gustafsson

Michelle Harrison

Michael Kogan

Katherine Lines

Louise Lines

Glen Little

Lana Miles

Valentin Tudor Mocanu

Maciej Mordaka

Charlie Mott

Jerry Nicholas

Edson Portilho

Simon Powers

Aldo Rall

Frank Schophuizen

Al Shalloway

David Shapiro

Paul Sims

Kim Shinners

Jonathan Smart

Roly Stimson

Jim Trott

Klaas van Gend

Abhishek Vernal

Jaco Viljoen

# 目录

为了获得最佳的DA学习体验，
我们建议您在阅读本书时使用DA浏览器（需要外网访问）：
www.pmi.org/disciplined-agile/da-browser

# 第一章

## 选择你的工作方式（WoW）！

**一个人过于骄傲就容易摔跟头，因此，需要学会在合适的时侯向他人寻求支持和指导。**
——贝尔·格里尔斯（Bear Grylls）

---

## 本章要点

- 规范敏捷交付（DAD）团队有选择自己工作方式的自主权。
- 你需要"变敏捷"并懂得如何"做敏捷"。
- 开发软件是复杂的；该怎样做，没有简单的答案。
- Disciplined Agile® (DA™) 提供了让你选择工作方式的支架，即不可知论建议的工具箱。
- 其他人也曾面临并克服了与你类似的挑战。DA使你能够利用他们的经验教训。
- 这本书能够指导，在最初时如何选择工作方式，并且随着时间的推移不断演进。
- 真正的目标是有效地实现预期的组织结果，而不是变/做敏捷。
- 更好的决定带来更好的结果。

---

欢迎阅读《选择你的工作方式》（*Choose Your WoW*）。本书讲述了敏捷软件开发团队，或者更准确地说，敏捷/精益解决方案交付团队，可以如何选择其工作方式（Way of Working，WoW）。本章介绍一些基本概念，阐述了选择工作方式的重要性和基本策略，以及本书能如何帮助你有效地选择工作方式。

## 为什么团队应该选择其工作方式？

敏捷团队通常被告知要本着主人翁精神遵循其流程，选择其工作方式。这是一个非常好的建议，原因如下：

- **环境很重要**。不同的人和团队以不同的方式工作，视其所处情境的环境而定。每个人是独特的，每个团队也是独特的，每个团队都会发现自己处于独特的情境之中。五人团队的工作方式不同于20人团队，也不同于50人团队。处于生命攸关的监管情境下的团队，与处于无监管情境下的团队相比，两者工作方式迥然不同。我们的团队与你们的团队工作方式不同，因为我们是不同的人，有着自己独特的技能组合、偏好和背景。
- **选择是好事**。想要有效工作，团队必须选择合适的实践和策略，以应对他们所面临的处境。这就意味着，他们需要知道这些选择是什么，每一种选择的权衡取舍是什么，什么时候该采用（或不采用）某种选择。换句话说，他们需要在软件过程方面拥有深厚的背景（而这仅有少数人具备），或者需要有一个好的向导来帮助他们做出这些与过程相关的选择。幸运的是，本书就是一个很好的向导。
- **我们应该优化工作流**。我们希望采用有效的工作方式，让客户/利益相关者感到满意。为此，我们需要优化团队内部的工作流，以及我们与整个组织内其他团队的合作方式。
- **我们想要做到杰出**。谁不想在自己的工作中表现优异？谁不想在一个杰出的团队或组织中工作？要做到杰出，一个重要因素是赋予团队选择自己工作方式的能力，并允许他们不断试验，以找出更好的工作方式。

总之，我们认为现在是收回敏捷的时候了。马丁·福勒（Martin Fowler）最近创造了一个术语："敏捷产业情结"，指的是这样一种观点：许多团队在遵循一种"假敏捷"策略，有时称为"挂羊头卖狗肉的敏捷"（英文是agile in name only，缩写AINO）。造成这种结果往往是由于组织采用了规定性框架，如规模化敏捷框架（Scaled Agile Framework，即SAFe®）[SAFe]，然后强迫团队采用它，而不管这样做是否真的有意义（而且很少有意义），或者强迫团队按照组织标准运用Scrum[ScrumGuide; SchwaberBeedle]。然而，经典的敏捷是非常明确的；它将个体和互动置于过程和工具之上，应该允许（最好是支持）团队来选择和演进自己的工作方式。

## 你需要"变敏捷"并懂得如何"做敏捷"

斯科特的女儿奥利维亚今年11岁。她和她的朋友属于我们见过的最敏捷的一群人。他们尊重他人（就像11岁的孩子所能做到的那样），思想开放，善于合作，渴望学习，并且总是在试验。他们显然信奉敏捷思维模式，但如果我们要求他们开发软件，那会是一场灾难。为什么呢？因为他们没有这方面的技能。同样地，让他们去洽谈一份价值数百万美元的合同，制定新产品营销策略，领导4000人的价值流等等，也会是一场灾难。他们迟早能获得这些技能，但现在，尽管他们非常敏捷，但根本不知道自己在做什么。我们也看到，由90后组成的团队，虽然他们合作起来非常自然，并且具备完成工作的技能，但可能仍不具备足够经验来理解自身工作在企业层面的意义。当然，我们也见过有的团队成员拥有数十年工作经历，但在协作方面的经验却非常少。这些情况都不理想。我们的观点是，具备敏捷思维模式，"变敏捷"，是绝对至关重要的，但也需要拥有"做敏捷"的必要技能和"做企业级敏捷"的经验。本书的一个重要方面是，它全面论述了敏捷/精益团队成功所需的潜在技能。

真正的目标是有效地实现预期的组织结果，而不是变/做敏捷。如果你的产出不对，或者产出的是已经有的东西，或者产出不符合组织的整体方向，那么以敏捷的方式工作有什么好处呢？真正的重点必须放在实现那些能使组织成功的结果上，而更加有效的工作方式将帮助我们做到这一点。

## 接受事实——没有简单的答案

作为专业人士，我们所做的工作是有挑战性的，不然早就被自动化淘汰了。你和你的团队在你们组织的环境内工作，使用一系列不断演进的技术，为的是满足各种各样的业务需求。和那些有着不同背景、不同喜好、不同经历、不同职业目标的人一起工作，他们所隶属的小组或组织可能与你不同。

我们坚信应该接纳这种复杂性，因为要做到有效乃至杰出，这是唯一的途径。当我们淡化甚至忽视工作方式的重要方面（比如说架构）时，我们往往会犯下惨痛的错误。当我们对于自身工作方式的某些方面（比如治理）缺乏信心时，也许是因为过去，我们在不那么敏捷的治理方面有过糟糕的经历，就有可能冒险让外部人员尝试接手负责，并把他们的非敏捷实践加在我们身上。这样一来，他们的所作所为非但无益于我们实施敏捷，反而会妨碍我们。

## 他山之石可以攻玉

团队常犯的一个错误是，仅仅因为所面临的情境是独特的，就认为需要从头开始厘清其工作方式。没有什么比这更离谱的了。如果你着手开发一款新的APP，你会从头开发新的编程语言、新的编译器、新的代码库吗？当然不会，你会沿用现有的开发环境，以独特的方式组合这些东西，然后根据需求加以修改。开发团队，不管采用什么技术，都会利用成熟的框架和库来提高生产力和质量。过程也应该是这样的。正如你在本书中所看到的那样，在你之前，已经有成百上千的实践和策略，被数以千计的团队在实践中所证明。你并不需要从头开始，而是可以结合现有的实践和策略，根据当前的情况，适当修改，就能建立自己的工作方式。DA提供了一个工具箱，以精简和易懂的方式指导你完成这个任务。自从出版第一本关于DAD的书[AmblerLines2012]以来，我们收到的反馈是，虽然这本书被看作是策略和实践的丰富集合，但在理解如何参考和应用这些策略方面上，实践者有时会感到吃力。本书的目标之一是使DAD较易于理解，让你能轻松找到定制工作方式所需的东西。

通读全书，你会注意到一件事：我们提供了大量的参考文献。这样做有三个原因：第一，给出相应的引文出处。第二，告诉你可以去哪里查找进一步的细节。第三，使我们能够专注于总结各种观点，并将其置于环境之中，而不是探究每一个细节。我们引用参考文献的格式是：[有意义的名称]，并在本书末尾参考文献部分列出相应的条目。

## DA知识让你成为更有价值的团队成员

我们从许多使用DA的组织那里听说（我们已获准引用他们的话），投资于学习DA（并通过高难度的认证来证明自己已经掌握）的团队成员成为了更有价值的贡献者。在我们看来，个中原因一目了然。理解一个更大的、成熟的策略库，意味着团队会做出更好的决定，减少"快速失败"，而且会"懂得更早，成功更早"。团队成员经常由于缺乏对现有选项的集体自我意识，而难以达到敏捷预期。当你采用了未提供选择的规定性方法/框架时，就会发生这种情况。每位团队成员，尤其是顾问，都要带着理念工具箱，来定制团队的过程，并以此作为自组织的一项内容。更大的工具箱和每个人都能懂的术语是好东西。

## 规范敏捷（DA）工具箱提供了易于获取的指导

我们逐渐明白了一件事：有些人虽然通过看书或参加研讨会理解了DA的概念，但在应用DA方面仍然感到吃力。DA是一个极其丰富的知识体系，它以一种无障碍的方式呈现。

好在本书的内容是按目标编排的，使用目标驱动型方法，很容易找到你所需要的指导，来应对眼前的情境。下面介绍如何在日常工作中应用这个工具箱，会更加有效地实现你的预期结果：

- 环境化的过程参考
- 引导持续改进（GCI）
- 过程定制研讨会
- 增强式回顾
- 增强式引导

### 环境化的过程参考

前面说过，本书意在起到参考作用。你会发现把本书放在手边会很方便，遇到特殊挑战时，可以随时翻阅参考。本书向你展示各种过程选择，更重要的是，还把这些选择置于环境之下。为此，DA提供了三个层次的支架：

1. **生命周期**。在工作方式指导的最高层次是生命周期，这是DAD最接近方法论的地方。如图1.1所示，DAD支持六种不同的生命周期，能够赋予团队灵活性，以选择对他们来说最合理的方法。第六章详尽地探讨了这些生命周期，以及如何从中选择。这一章还阐述了团队如何在工作方式各不相同的情况下，仍然能够做到治理方式保持一致。

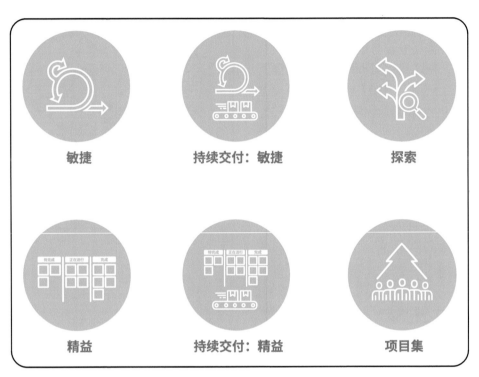

**图1.1 DAD生命周期。**

2. **过程目标**。图1.2展示"改进质量"过程
目标的目标图，图1.3概述目标图的注释。
DAD被描述为24个过程目标（或者说过程
结果）的集合。每个目标都被描述为决策
点的集合，即你的团队需要确定是否需要
处理的问题，以及在需要时如何处理。针
对决策点的潜在实践/策略，在许多情况
下可以结合起来，列成清单。目标图的概
念类似于思维导图，但在某些情况下，箭
头的延伸表示选项的相对有效性。目标图
实际上是一个简单明了的指南，帮助团队
根据其技能、文化和情境，选出能够立刻
执行的最佳策略。第五章更详细地探讨了
目标驱动型方法。

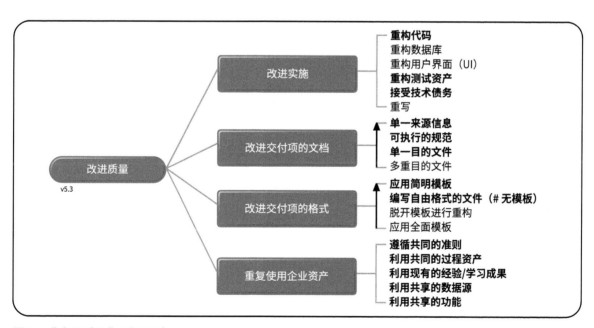

图1.2 "改进质量"过程目标。

3. **实践/策略**。处于工作方式指导最细微层面上的，是实践和策略，在目标图上呈现为右侧列表。如图1.2所示，目标图的一个重要意义，就是你无需太多过程专业知识，就能确定可以尝试的潜在实践/策略。你只需理解本书所描述的DA基本原理，熟悉目标图，就能迅速找到潜在的选项。你不需要记住所有现有选项，因为你可以查到这些选项，你也不需要对每个选项有深入的知识，因为这些选项在"规范敏捷浏览器"[DABrowser]中都有概述和环境梳理。相关示例见图1.4。在这个例子中，你可以看到描述"改进质量"过程目标的"改进实施"决策点的一些信息。你可以看到决策点的描述和前两个选项（你可以在该工具中向下滚动查看其余的选项）。

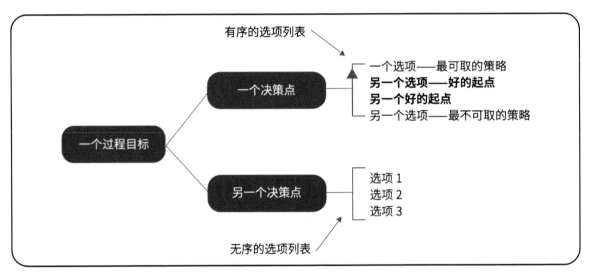

**图1.3 目标图注释。**

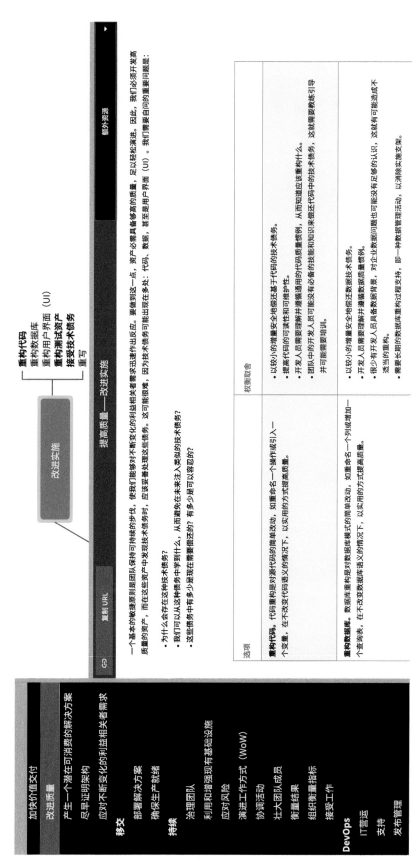

图1.4 DA浏览器中捕捉的办法细节。

## 改进发生在许多层次上

过程改进，或工作方式演进，发生在整个组织里。组织是互动团队和小组的集合，每个团队和小组都在不断地演进。当团队演进其工作方式时，他们会促使与之互动的团队发生变化。由于这种不断的过程演进（希望是向好的方面演进），也由于人都是独特的，人们如何一起工作或者这种工作会有什么结果就变得不可预测。简而言之，你的组织是一个复杂的自适应系统（CAS）[Cynefin]。图1.5概述了这个概念，描述了团队、组织领域（如分部、业务部门或价值流）以及企业级团队。图1.5是简化图，因为这张图已经够复杂了，团队之间和跨组织边界的互动要多得多，而且在大型企业中，一个组织领域可能有自己的"企业"级小组，如企业架构或财务。

对工作方式的选择有几个有意思的影响：

1. **每个团队都会有不同的工作方式**。这话说多少遍都不嫌多。
2. **每当我们与其他团队合作时，我们都会演进自己的工作方式来反应学习成果**。通过与其他团队合作，我们不仅完成了原先设定的目标成果，而且还经常从他们那里学到新的办法，或者与他们合作的新方式（这种新方式很可能是他们在与其他团队合作时获得的）。

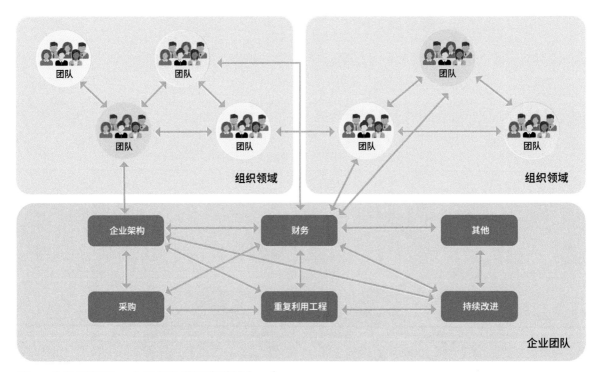

**图1.5 你的组织是一个复杂的自适应系统（CAS）。**

3. **我们可以有目的地选择向其他团队学习。**有许多策略可供我们在组织内选择采纳，来分享团队间的学习成果，包括实践者讲座、业界/公会、指导等等。团队层面的策略体现在"演进工作方式"过程目标中，而组织层面的策略体现在持续改进过程色块中[1] [ContinuousImprovement]。简而言之，DA工具箱是一种生成性资源，你可以在思考选择你的工作方式时，本着不可知论心态加以运用。

4. **我们可以从组织转型/改进工作中获益。**改进可以、而且应该发生在团队层面。它也可以发生在组织领域的层面（例如我们可以努力优化一个领域内各团队之间的流动）。改进也需要发生在DAD团队之外（例如我们可以帮助企业架构、财务和人事管理小组与组织的其他部门更加有效地开展合作）。

如图1.6所示，DA工具箱按四个层次编排：

1. **基础。**基础层次为DA工具箱提供了概念基础。

2. **规范DevOps。**DevOps是解决方案开发和运营的精简，而规范DevOps是企业级的DevOps方法。这一层包括本书的重点"规范敏捷交付"（DAD），以及DevOps的其他企业级方面。

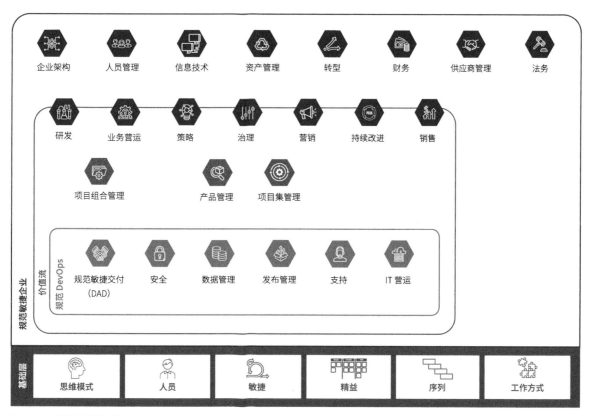

**图1.6 规范敏捷的范围。**

---

[1] 过程色块处理内聚过程领域，如资产管理、财务或安全。

3. **价值流。**价值流层次基于Al Shalloway的FLEX，现在称为DA FLEX。如果想法不能在市场或公司中实现，仅有想法上的创新是不够的。DA FLEX是连接组织策略的粘合剂，它将有效的价值流可视化，使你能够在整体环境内做出改善组织每一部分的决策。

4. **规范敏捷企业（DAE）。**DAE层次的重点是支持组织价值流的其余企业级活动。

无论在哪个层面运作的团队都可以、而且应该选择他们的工作方式。尽管有时我们会视情深入探讨跨团队和组织的问题，但本书的重点是DAD团队。

## 引导持续改进（GCI）

许多团队通过采用敏捷方法开始敏捷之旅，比如Scrum[ScrumGuide; SchwaberBeedle]、极限编程（XP）[Beck]或动态系统开发方法（DSDM）-Atern[DSDM]等。处理"规模"问题的大型团队（我们将在第二章讨论规模的真正含义）可能会选择采用SAFe® [SAFe]、LeSS [LeSS]或Nexus® [Nexus]等。这些方法/框架分别解决了敏捷团队面临的一类特定问题，而从我们的角度来看，它们由于并没有为你提供很多选择，而显得规定性非常强。有时，特别是将框架应用于并非完全契合的环境时，团队往往发现他们需要投入大量的时间来"清洗"，意思是去除不适用于其情境的办法，然后再加入其他适用的办法。尽管如此，当框架被应用于适当的环境时，它们仍然能在实践中发挥出良好的作用。当你成功地采用其中一个规定性的方法/框架时，你的团队效率往往会呈现出图1.7所示的曲线。起初，工作效率会有所下降，因为团队正在学习一种新的工作方式，人们在培训中学习新的技术方法时，往往需要投入时间。随着时间的推移，工作效率会不断上升，直至超过原来的水平，但随着团队完全掌握了新的工作方式，工作效率最终又会趋于平稳。一切似乎很完美，但如果大家不齐心协力地持续改进，你会发现团队的工作效率会原地踏步。

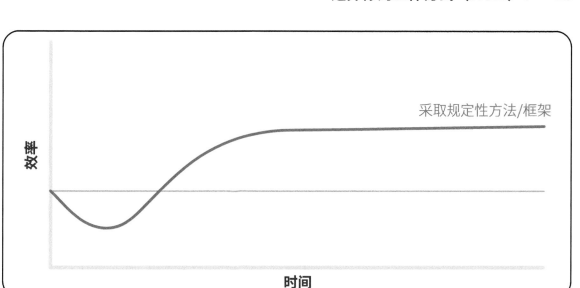

**图1.7 采用敏捷方法或框架时的团队效率。**

关于图1.7，我们得到的一些反馈是，这不可能，因为Scrum承诺你可以用一半的时间做两倍的工作[Sutherland]。可悲的是，这种关于生产力是原来4倍的说法在实践中似乎并不成立。最近的一项研究涵盖了155个组织、1500个瀑布团队和1500个敏捷团队。结果发现大多数遵循Scrum的敏捷团队实际生产力提升接近7-12%[Reifer]。在规模方面，大多数采用了SAFe的组织，其改进程度下降到了3-5%。

一个团队可以采取很多方法来帮助改进其工作方式，即通过"演进工作方式"的过程目标来获得策略。许多人建议用试验的方法来改进，而且，我们发现有指导的试验会更加有效。敏捷界围绕回顾提供了很多建议。回顾是一个团队反思其改进方式的工作会议，而精益界对如何根据反思采取行动给出了很好的建议[Kerth]。图1.8总结了爱德华兹·戴明（W. Edward Deming）的计划-执行-研究-行动（PDSA）改进循环[Deming]，有时也称"改善循环"。这是戴明的第一个持续改进方法，后来他将其演进为计划-执行-检查-行动（PDCA），后者在20世纪90年代的商界和21世纪初的敏捷界都很流行。但很多人不知道的是，在对PDCA进行数年试验后，戴明意识到PDCA并不像PDSA那样有效，于是又重新拾起了PDSA。主要区别在于，"研究"活动促使人们更深入地衡量和思考一项变革在实践中是否有效。因此，我们决定尊重戴明的意愿，推荐PDSA而不是PDCA，因为我们发现像这样的批判性思考会带来持久的改进。有些人倾向于美国空军上校约翰·博伊德（John Boyd）的OODA（观察Observe、定位Orient、决策Decide、行动Act）循环来指导持续改进工作。一如既往地，我们建议你采用更适合自己的方法[Coram]。无论你采用哪种改进循环，请记住，你的团队可以（而且或许应该）平行地开展多个试验，特别是当潜在的改进处于过程的不同领域，并因此不会相互影响（如果这些领域相互影响，就很难确定每个试验的有效性）时，更是如此。

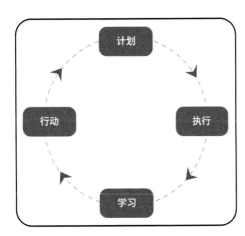

**图1.8 PDSA持续改进循环。**

PDSA/PDCA/OODA持续改进循环策略的基本思想是，你把你的工作方式作为一系列的小变化来改进，精益界把这种策略称为kaizen，即日语中"改善"的意思。在图1.9中，你可以看到运行试验的工作流。第一步是确定一项潜在的改进，比如一个新的实践或策略，你想用它来试验，看看它在你所处情境的环境下效果如何。潜在改进的有效性是通过对照明确的结果来确定的，而结果也许是通过目标问题指标（GQM）[GQM]或目标和关键结果（OKRs）[Doer]来确定。对应用新工作方式的
有效性进行衡量，是验证式学习的一个例子[Ries]。务必注意，图1.9详细描述了团队持续改进循环的工作流。

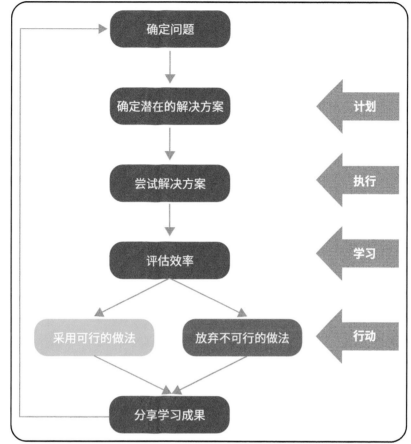

**图1.9 演进工作方式的试验方法。**

DA的价值在于，它能指导你完成这个识别步骤，帮助你在不可知论的心态下，识别出某个新的实践/策略，来应对你希望应对的挑战。这样，你就增加了识别出对你有用的潜在改进的机会，从而加快你改进工作方式的努力，我们称之为"引导持续改进"（GCI）。简而言之，在这个层面上，DA工具箱能够使你们更快地成为一个高绩效的团队。在最初的那本DAD书中，我们描述了一种叫做"衡量式改进"的策略，其工作方式非常相似。

我们发现，在实践中、特别是在组织层面，有一个非常有效的类似的策略叫作精益变革[2] [LeanChange1; LeanChange2]。图1.10中概述的精益变革管理周期，应用了精益创业[Ries]的思想，即你有洞见（假设），识别出处理洞见的潜在选项，然后以最小可行变革（MVC）的形式进行试验。引入这些最小可行变革，允许其运行一段时间，然后测量结果，确定它们在实践中的效果如何。然后，团队可以选择继续采用在其所处情境下应用效果良好的变革，而放弃那些效果不好的。如果说GCI能够打造高绩效团队，那么精益变革则能够打造高绩效组织。

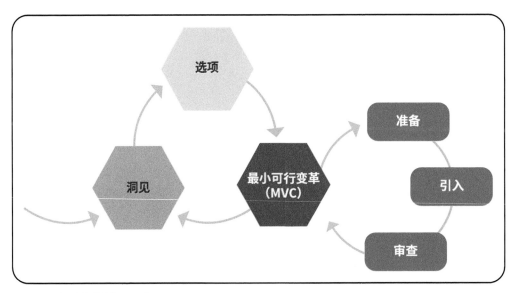

**图1.10 精益变革管理周期。**

图1.11中的虚线显示了（无指导的）持续改进策略的改进曲线。你可以看到，在团队学习如何识别最小可行变革，然后进行试验的过程中，一开始还是会有一点生产力的下滑，但这种下滑是很小的，而且是短暂的。整条线描述了GCI在环境中的趋势；团队成员会更容易识别出对他们有用的选项，在试验中更多地获得积极的结果，从而加快改进的速度。简而言之，更好的决定带来更好的结果。

---

[2] 在DA的转型过程色块中（网址为PMI.org/disciplined-agile/process/transformation），我们展示了如何在组织层面应用精益变革。

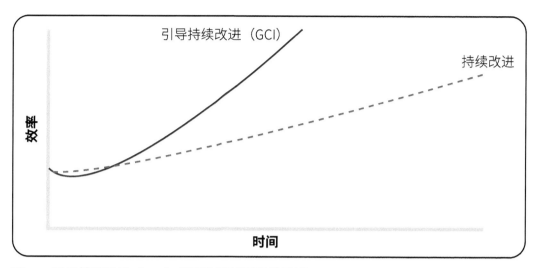

**图1.11 引导持续改进（GCI）使团队能够更快地改进。**

当然，图1.11中的两条线都不是完全平滑的。一个团队总会有起伏，有些试验失败了（下降），让他们明白了哪些实践在其所处的情境下行不通；有些试验成功了（上升），让他们发现了能够改善团队效率的办法。实线表示GCI，会比虚线平滑，因为团队将有更高比例的上升。

好在这两种策略，即采用规定性方法/框架，然后通过GCI改进你的工作方式，是可以结合起来的，如图1.12所示。我们经常遇到这样的团队，他们采用了规定性的敏捷方法，通常是Scrum或SAFe，但由于遇到了所选框架/方法未能直接应对的一个或多个问题而陷入停滞。因为这种方法不能解决他们所面临的问题，而且他们没有这方面的专长，所以往往陷入困境之中。伊瓦尔·雅各布森（Ivar Jacobson）把这种现象说成是"他们被困在了方法监狱里"[Prison]。通过应用持续改进策略（如果用GCI就更好了），他们的过程改进工作很快就能回到正轨。此外，由于你所面临的基本业务情境是在不断变化的，它会告诉你，你不能一劳永逸，而必须调整你的工作方式以反映不断演进的情境。

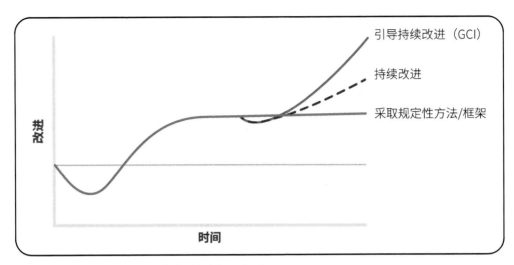

图1.12 在现有的敏捷方法/框架基础上进行改进。

明确地说，团队层面的GCI往往是组织层面GCI所做工作的简化版。在团队层面，团队可以把要改进的工作列成一份改进待办事项清单。在组织领域或企业层面，我们可能有一群人在指导大型的转型或改进工作，工作重点是让团队选择他们的工作方式，并处理那些团队无法靠自己轻松应对的、较大的组织问题。

## 过程定制研讨会

另一个应用DA来选择工作方式的常见策略是过程定制研讨会[定制]。在过程定制研讨会上，教练或团队负责人带领团队了解DAD的重要方面，然后团队讨论他们将怎样一起工作。这通常包括选择生命周期、逐个考虑过程目标、处理每个目标的决策点，以及讨论角色和责任。

可以在任何时候开一次过程定制研讨会，或者开几次简短的研讨会。如图1.13所示，研讨会通常在团队最初成立时进行，以确定如何精简其启动工作（我们称之为初始阶段），并在"施工"开始前商定如何进行这一工作。在过程定制研讨会上作出的任何过程决定，都不是一成不变的，而是可以随着团队的学习而不断演进的。你始终应该一边学习、一边改进你的过程。事实上，大多数敏捷团队都会定期举行回顾会议，反思如何做到这一点。简而言之，开过程定制研讨会的目的是让你的团队朝着正确的方向前进，而回顾的目的是要识别出对该过程的潜在调整。

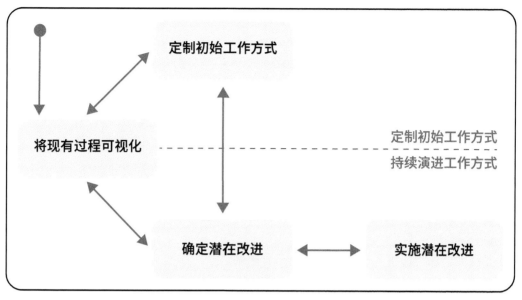

**图1.13 选择你的工作方式并随着时间的推移进行演进。**

一个合理的问题是，在团队内部演进工作方式的时间线是怎样的？指导巴克莱转型的乔纳森·斯玛特（Jonathan Smart）推荐丹·诺斯（Dan North）的"可视化、稳定化和优化"时间线，如图1.14所示。首先，将现有的工作方式可视化，然后确定团队认为有用的、新的潜在工作方式（这就是初始定制的意义）。然后，团队需要应用这个新的工作方式，并学习如何让它在自己的环境中发挥作用。这个稳定化阶段可能耗时数周或数月，然而，一旦团队将其工作方式稳定化，就能够通过GCI战略加以演进。

| 可视化 | 稳定化 | 优化 |
| --- | --- | --- |
| ● 探索现有的工作方式 | ● 应用新的工作方式 | ● 引导持续改进 |
| ● 确定新的工作方式 | ● 获取培训和引导 | |
| | ● 给自己时间学习新的工作方式 | |

**图1.14 在团队中进行过程定制和改进的时间线。**

## 大型金融机构的过程定制研讨会
### 作者：丹尼尔·加尼翁（Daniel Gagnon）

几年来，我在各种各样的组织中给形态、规模和经验水平各不相同的团队举办了几十场过程定制研讨会[Gagnon]。有趣的是，出现频率最多的看法是，研讨会"揭示了各种各样的选项，我们甚至没有意识到这些是选项！"虽然要说服他们，在最初总是有点困难，但我合作过的团队全都迅速掌握并认识到这些活动的价值。

以下是我学到的经验教训：

1. 在早期阶段，团队负责人、架构负责人或高级开发人员实际上可以代替大多数开发人员。
2. 工具很有用。我们编制了一个简单的电子表格来记录工作方式的选择。
3. 团队可以立即做出工作方式的决定，并识别出未来较"成熟"的理想选择，将其作为改进目标。
4. 我们定义了一小部分企业级选择，来促进各团队的一致性，包括一些"基础设施即代码"的选择。
5. 团队不必从一张白纸开始，而是可以从类似的团队所做的选择开始，然后在此基础上定制。

以下是关于确定参与的重要说明：最终，团队本身是最好的仲裁者，可以决定谁应该在不同的推进阶段参加这些会议。随着让团队选择其工作方式的好处变得明显，就会越来越容易获得这种支持。

丹尼尔·加尼翁（Daniel Gagnon）曾指导两家大型加拿大金融机构采用规范敏捷，现在是魁北克的高级敏捷教练。

通过卓有成效的协调，你可以使过程定制研讨会更加精简高效。要做到这一点，我们建议你：

- 安排若干次简短的会议（不一定需要召开所有的会议）。
- 有明确的议程（设定预期）。
- 邀请整个团队（因为这是他们的过程）。
- 请一名经验丰富的主持人（会上可能有争论）。
- 安排一个灵活的工作空间（这有利于合作）。

过程定制研讨会可能会围绕工作方式，涉及若干重要方面：

- 确定团队成员的权利和责任，详见第四章的讨论。
- 我们打算如何组织/构建团队？
- 团队将遵循怎样的生命周期？这方面的内容见第六章。
- 我们将遵循哪些实践/策略？
- 我们有没有"就绪的定义"（DoR）[Rubin]？如果有，是什么？
- 我们有没有"完成的定义"（DoD）[Rubin]？如果有，是什么？
- 我们将使用什么工具？

开过程定制研讨会需要投入时间，但这仍然是一个行之有效的方法，它的意义在于，能够确保团队成员在如何一起工作方面达成一致。尽管如此，你应该确保这些研讨会尽可能精简，否则很容易偏离正题，其宗旨是要保持正确的"过程方向"。当你明白什么对你有用，什么对你没用后，就能演进你的工作方式。最后，你还需要让一些有敏捷交付经验的人参与进来。DA为选择和演进你的工作方式提供了一个简单明了的工具箱，但你仍然需要具备技能和知识来有效地应用这个工具箱。

虽然DA提供了良好想法的库或工具箱，但在你的组织中，你可能希望对你的团队可以应用的自组织程度施加一些限制。在DAD中，我们建议把自组织限定在适当的治理范围内。因此，我们在采用DA的组织中所看到的是，他们有时会帮助引导选择，使团队在人人明白的组织"护栏"内进行自组织。

## 通过引导改进选项来增强回顾

回顾是团队用来反思其有效性的一种办法，其目的是希望能找出可供试验的潜在流程改进[Kerth]。正如你所猜测的那样，DA可以用来帮助识别那些对你来说会有很大机会发挥作用的改进。举个例子，也许你们正在针对不明确的用户故事和验收标准所导致的过分的需求而展开讨论。观察结果可能是，你们需要额外的需求模型来澄清这些需求。但要选择哪些模型呢？参照"探索范围"过程目标，你可以选择创建一个领域图来表明实体之间的关系，也可以选择一个低保真的用户界面（UI）原型来阐明用户体验（UX）。我们观察到，通过使用DA作为参考，团队会接触到他们之前连听也没听说过的策略和实践。

## 通过扩展教练的过程工具箱来加强引导

DA对敏捷教练特别有价值。首先，对DA的认识意味着你有一个更大的策略工具箱，可以用来帮助解决团队的问题。其次，我们经常看到教练引用DA说，一些被团队或组织本身视为"最佳实践"的东西实际上是非常糟糕的选择，还有更好的选择可以考虑。第三，教练用DA帮助填补自己在经验和知识上的空白。

## 把工作方式文档化

唉，我们多希望可以告诉你，不需要把工作方式文档化。但实际的情况是，你经常需要把工作方式记录下来，原因如下：

1. **监管。**你的团队在监管环境中工作，根据法律，你需要以某种方式记录你的过程——你的工作方式。
2. **太复杂，记不住。**你的工作方式有很多可变的部分。想想图1.2的目标图。你的团队会选择采用其中的数个策略，而这只是24个目标中的一个。正如我们前面所说，解决方案的交付是复杂的。我们在DA中已经尽力减少这种复杂性，以便帮助你选择你的工作方式，但这种复杂性是无法被完全消除的。
3. **让人安心。**许多人一想到没有"定义的过程"可供遵循就会感到不安，刚接触该过程时更是如此。他们喜欢有某种东西可以不时地参考，来帮助他们学习。随着在团队工作方式方面变得越来越有经验，他们参考文档的次数会越来越少，直到最后完全不用参考为止。

因为很少有人喜欢阅读过程材料，所以我们建议你尽可能把这种材料写得简单明了。遵循敏捷文档[AgileDocumentation]实践，比如保持简明扼要，并与受众（这里指团队本身）紧密合作，确保材料符合实际需求。这里列出一些记录工作方式的选项：

- 用一份简单的电子表格来记录目标图的选择。
- 创建（单页）A3纸大小的过程概述。
- 在墙上贴海报。
- 在wiki中简明扼要地记录过程。

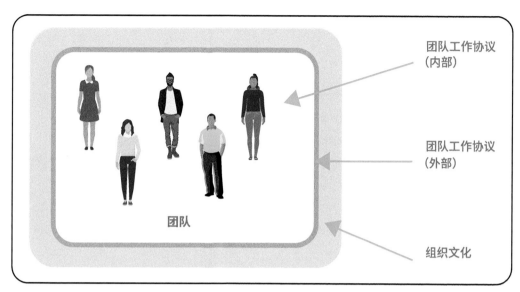

**图1.15 团队工作协议。**

正如我们在"演进工作方式"过程目标中所展示的那样，有多种策略可供您选择，用来记录你的工作方式。一个常见的方法是由团队制定并承诺一项工作协议。工作协议将描述人们在团队中所担负的角色和责任，团队成员的一般权利和责任，很多时候还描述团队的过程（他们的工作方式）。如图1.15所示，我们要区分团队工作协议的两个重要方面：内部章节描述团队将会如何一起工作，外部章节描述其他人应该如何与团队互动。

团队工作协议的外部章节在某种程度上是团队的服务水平协议（SLA）。内容可包括其他人可以参加的共同会议的时间表（例如，日常协调会议和即将举行的演示），说明如何访问团队的自动仪表板，如何联系团队，以及团队的目的是什么。当然，团队的工作协议，包括其内部和外部方面，都将受到其运营所处的组织环境和文化的影响。

## 小结

本章讨论了若干关键概念：

- 规范敏捷（DA）团队选择自己的工作方式。
- 你需要"变敏捷"并懂得如何"做敏捷"。
- 解决方案的交付是复杂的；该怎样做，没有简单的答案。
- DA提供了不可知论支架，支持团队选择自己的工作方式来交付基于软件的解决方案。
- 其他人也曾面临并克服了与你类似的挑战。DA使你能够利用他们的经验教训。
- 这本书能够指导你，在最初时如何选择工作方式，并且随着时间的推移不断演进。
- 引导持续改进（GCI）方法将帮助你的团队冲破"方法牢笼"，进而提高他们的效率。
- 真正的目标是有效地实现预期的组织结果，而不是变/做敏捷。
- 更好的决定带来更好的结果。

# 第二章

## 规范化

**更好的决定带来更好的结果。**

---

### 本章要点

- 《敏捷宣言》是很好的起点，但还不够。
- 精益原则对于企业中敏捷解决方案交付团队的成功至关重要。
- DA思维模式基于八项原则、七项承诺和八项准则。

---

什么是规范化？规范化是指做那些已知对我们有好处的事情，那些通常需要努力工作和坚持不懈的事情。一如既往地令客户满意，需要规范。团队要成为杰出的队伍，需要规范。领导者要确保员工有一个安全的工作环境，需要规范。要认识到，我们需要根据所处的环境来调整工作方式，并且随着情境的变化而演进我们的工作方式，这都需要规范。要认识到我们是更大组织的一份子，应该做对企业最有利的事情，而不仅仅是对自己方便的事情，这需要规范。要演进和优化我们的整体工作流程，需要规范；要认识到我们在如何工作和组织方面有许多选择，进而应该作出相应的选择，也需要规范。

### 《敏捷软件开发宣言》

2001年，《敏捷软件开发宣言》（*Manifesto for Agile Software Development*，简称《敏捷宣言》）[Manifesto]的发表开启了敏捷运动。该宣言列出由12条原则支持的四项价值观，见下文详列。该宣言由17名拥有丰富软件开发经验的人士所提出。其目标是描述他们在实践中已发现的有用元素，而不是去描述他们希望在理论中会有用的元素。虽然现在听起来是一件显而易见的事情，但在当时，这与软件工程界的许多思想领袖所采取的方法截然不同。

## 26   选择你的工作方式（WoW）！

《敏捷软件开发宣言》：
　　我们正在通过亲自开发和帮助他人开发，发现开发软件的更好方法。
　　通过这项工作，我们开始重视：

1. **个体和互动**胜于过程和工具
2. **可用的软件**胜于完整的文档
3. **客户合作**胜于合同谈判
4. **响应变化**胜于遵循计划

也就是说，右栏中的项目固然有价值，但我们更重视左栏中的项目。

《敏捷宣言》以12条原则为支柱，为实践者提供进一步的指导。这些原则是：

1. 我们的最高目标是，通过尽早持续交付有价值的软件来满足客户的需求。
2. 欢迎对需求提出变更，即使在项目开发后期也不例外。敏捷过程要善于利用需求变更，帮助客户获得竞争优势。
3. 要经常交付可用的软件，周期从几周到几个月不等，且越短越好。
4. 项目实施过程中，业务人员与开发人员必须始终通力协作。
5. 要善于激励项目人员，给予他们所需的环境和支持，并相信他们能够完成任务。
6. 无论是对开发团队还是团队内部，信息传达最有效的方法都是面对面的交谈。
7. 可用的软件是衡量进度的首要衡量标准。
8. 敏捷过程提倡可持续的开发。项目发起人、开发人员和用户应该都能够始终保持步调稳定。
9. 对技术的精益求精以及对设计的不断完善将提高敏捷性。
10. 简洁，尽最大可能减少不必要的工作，这是一门艺术。
11. 最佳的架构、需求和设计出自于自组织的团队。
12. 团队要定期反省怎样做才能更有效，并相应地调整团队的行为。

《敏捷软件开发宣言》的发表被证明是软件开发领域的一个里程碑，正如我们近年来所看到的那样，对商界也是如此。但随着时间的推移，该宣言在几个方面显得不合时宜：

1. **局限于软件开发。** 宣言特意将重点放在软件开发上，而不是IT的其他方面，当然也不是整体企业的其他方面。其中许多概念可以加以修改来适应这些环境，而且多年来也是这样做的。因此，该宣言提供了可供我们演进的有价值的见解，而且应该按照比原来更广泛的范围加以演进和扩充。
2. **软件开发界迅速发展。** 该宣言是为了反映20世纪90年代的环境而制定的，其中的一些原则已经过时了。例如，第三条原则建议，交付软件的周期应该从几周到几个月不等。在当时，一个解决方案即使每个月能取得显而易见的增量也是一种成就。然而，在现代，这个标杆显著提高了，精通敏捷的公司每天都要多次交付功能，部分原因是该宣言帮助我们走上了一条更好的路径。
3. **从那时起，我们已经学到了很多。** 在推行敏捷策略以前，组织早就开始采用精益的思维模式和工作方式了。自2001年以来，敏捷和精益策略不仅各自蓬勃发展，而且已经成功地融合在一起。我们很快就会看到，这种融合是DA思维模式的一个固有方面。DevOps，即软件开发和IT运营生命周期的合并，显然是因为这种融合而演进起来的。如第一章所示，DevOps是DA工具箱的一个组成部分。绝大多数企业采用了DevOps工作方式，或至少在采用DevOps的过程之中。我们的观点是，这不仅仅是敏捷的问题。

## 精益软件开发

DA的思维模式基于敏捷和精益思维的结合。理解精益思维的一个重要起点是玛丽·帕彭迪克（Mary Poppendieck）和汤姆·帕彭迪克（Tom Poppendieck）合著的《精益思维模式》（*The Lean Mindset*）。在这本书中，他们阐述了如何应用精益生产的七个原则来优化整个价值流。这其中有很大的价值，但我们也必须记住，大多数人并不制造汽车，或者任何其他与汽车相关的东西。精益思维适用于几类工作：制造业、服务业、物理世界的产品开发以及（虚拟）软件开发，等等。虽然我们欣赏帕彭迪克夫妇的开创性工作，但我们更愿意审视这些原则，看它们如何能适用于任何地方[Poppendieck]。这些原则是：

1. **消除浪费**。精益思维的倡导者将任何不直接给成品增值的活动视为浪费[WomackJones]。在我们的工作中，有三个最大的浪费来源：增加不需要的功能、项目的混乱、以及跨越组织边界（特别是利益相关者和开发团队之间）。要减少浪费，允许团队按照他们所要完成的工作自行组织和运营至关重要。在产品开发工作中（物理或虚拟世界），我们花了相当多的时间去发现什么是有价值的。这样做并不是浪费。很多人因为这一点，而对什么是浪费争论不休。我们提出，要消除的关键浪费是由于工作流程中的延误而造成的时间浪费。经过反思，可以证明大多数的浪费都反映在工作流的延误上，甚至是由工作流的延迟造成的。我们构建了不需要的功能，是因为构建批次过大，从而对是否需要这些功能的反馈有延迟（或者我们没有写验收测试，进而对理解需求造成了延迟）。项目的混乱（尤其是错误）几乎总是因为丧失了同步而又不自知所造成的。跨越组织边界总是会造成组织的某一部分等待另一部分，并由此发生延迟。

2. **内建质量**。我们的流程首先不应允许缺陷发生，但如果办不到，就应该这样工作：做一点工作，进行验证，修复所发现的问题，然后迭代。事后检查并将缺陷加入问题列表，以便在未来某个时间修复，这样做并不那么有效。在过程内建立质量的敏捷实践包括测试驱动开发（TDD）和非独立开发实践，如结对编程、mob编程和与他人一起建模（mob建模）等。所有这些办法在本书后面的章节都有介绍。

3. **创造知识**。计划是有用的，但学习是必不可少的。我们希望推广一些策略，比如迭代工作，帮助团队发现利益相关者真正想要的东西，并根据这些知识采取行动。同样重要的是，团队成员要定期反思正在做的事情，然后采取行动，通过试验改进方法。

4. **推迟承诺**。没有必要在启动解决方案的开发时就定义完整的规范，事实上，这似乎充其量是一个值得怀疑的策略。我们可以通过灵活的、容忍变化的架构来有效地支持业务，在拥有更多信息并能作出更好决策的时候（尽可能晚一点），再作出那些不可逆的决定。通常，将承诺推迟到最后一个负责任的时刻，需要有能力将端到端的业务场景与多个团队在多个应用程序中发展的能力紧密结合起来。事实上，对项目推迟承诺的策略是保留选择余地的一种方式[Denning]。软件提供了一些额外机制来推迟承诺。利用涌现式设计、自动测试和模式思维，往往可以推迟基本决定，而几乎没有成本。在许多方面，敏捷软件开发基于这样一个概念：增量交付几乎不需要额外的实施时间，同时使开发人员能够节省原本会花在创建无用功能上的大量精力。

5. **快速交付**。快速交付高质量的解决方案是有可能实现的。通过将一个团队的工作限制在其能力范围内，我们可以建立可靠和可重复的工作流程。有效的组织不会要求团队做超过能力范围的事情，而是要求他们自组织并确定能够取得什么结果。将团队局限于定期提供潜在可交付的解决方案上，激励他们始终专注于持续增加价值。

6. **尊重人**。帕彭迪克夫妇还指出，可持续的优势来自于投入的、有思想的人。这意味着我们需要一种精简的治理方法，这也是"治理团队"过程目标的重点，其核心是激励和赋能团队，而不是控制团队。

7. **优化整体**。要想有效地解决一个问题，就必须着眼于大局。我们需要了解价值流所支持的高层级业务过程，这些过程往往跨越多个系统和多个团队。我们需要管理工作相互关联的项目集，这样，才能向利益相关者提供完整的产品/服务。衡量指标应该涉及我们交付商业价值的程度，而团队应该专注于向利益相关者交付有价值的结果。

## 规范敏捷思维模式

规范敏捷思维模式见图2.1的归纳，是原则、承诺和准则的集合。我们喜欢说，我们相信这八项原则，所以我们彼此承诺，将以规范方式工作，并遵循能使我们有效工作的一系列准则。

原则

我们相信这些原则：

○ 取悦客户
○ 做到很棒
○ 脉络很重要
○ 务实
○ 选择是好事
○ 优化流程
○ 围绕产品/服务进行组织
○ 企业意识

承诺

我们承诺：

○ 营造心理安全，拥抱多元化
○ 加快价值实现
○ 主动合作
○ 让所有的工作和工作流可见
○ 提高可预测性
○ 将工作量控制在能力范围内
○ 持续改进

准则

我们遵循这些准则：

○ 验证我们的学习成果
○ 应用设计思维
○ 关注价值流中的关系
○ 创造能促进快乐的有效环境
○ 通过改进系统来改变文化
○ 创建半自主的、自我组织的团队
○ 采用衡量指标来改进结果
○ 充分利用和增强组织资产

图2.1 规范敏捷思维模式。

## 我们相信这些原则

让我们先来看看支持规范敏捷（DA）工具箱的八项原则。这些想法并不新鲜；有大量资料提到过这些想法，包括阿利斯泰尔·考克本（Alistair Cockburn）围绕"敏捷之心"的著作[CockburnHeart]、乔舒亚·科瑞夫福斯盖（Joshua Kerievsky）的"现代敏捷"[Kerievsky]，当然还有前面提到的《软件开发敏捷宣言》。事实上，DA工具箱从一开始就一直是良好策略的混合体，重点在于如何在实践中将所有这些策略结合起来。虽然我们坚信科学的方法和有效的做法，但我们对如何达到这个目的持不可知论态度。DA思维模式始于八项基本原则：

- 取悦客户
- 做到杰出
- 环境很重要
- 务实
- 选择是好事
- 优化流程
- 围绕产品/服务进行组织
- 企业意识

## 原则：取悦客户

当我们的产品和服务不仅满足而且超越了客户的需求和期望时，客户就会感到高兴。回顾你上次入住酒店的情形。如果你运气好，不用排队，房间准备就绪，入住以后也没问题。你可能对服务感到满意，但仅此而已。现在想象一下，你一到，就有服务员叫出你的名字跟你打招呼，你爱吃的点心在房间里等着你，给你免费升级，安排了一个风景优美的房间，而这一切，都是酒店主动送你的。这岂止是令人满意而已，有可能会让你很高兴。虽然不是每次入住都能升级，但真的给你升级时，就能打动你，你很可能会一直订这家连锁酒店，因为这家酒店待你这么好。

成功的组织提供优质产品和服务以取悦客户。系统设计告诉我们构建系统时以客户为中心，与客户紧密合作，构建小幅增量，然后寻求反馈，如此就能更好地了解哪些要素会真正让客户开心。作为规范敏捷的实践者，我们欢迎变化，因为我们知道，利益相关者会看到新的可能性，随着解决方案的演进，他们明白自己真正想要的是什么。我们还努力去发现客户的愿望，并关心客户。照顾一个现有的客户比获得一个新客户要容易得多。杰夫·戈塞尔夫（Jeff Gothelf）和乔什·赛登（Josh Seiden）在《知觉与回应》（*Sense & Respond*）中说的再贴切不过："如果你能把产品做得更易于使用，减少客户完成任务所用的时间，或者在确切的时刻提供正确的信息，你就赢了"[SenseRespond]。

## 原则：做到杰出

谁不想做到杰出？谁不想成为杰出团队的一员，为杰出的组织工作，做杰出的事情？每个人都想这样。最近，乔舒亚·科瑞夫福斯盖普及了现代敏捷团队让人变得杰出的概念。当然，我们希望有杰出的团队和杰出的组织，也不是太大的飞跃。同样地，玛丽和汤姆·帕彭迪克指出，可持续的优势来自于投入的、有思想的人，就像理查德·谢里丹（Richard Sheridan）在《快乐公司》（*Joy Inc.*）中写的那样[Sheridan]。帮助员工变得杰出之所以重要，是因为正如维珍集团（Virgin Group）的理查德·布兰森（Richard Branson）所说，"照顾好你的员工，他们就会照顾好你的生意。"

作为个人，我们可以做几件事情使自己变得杰出。第一，最重要的是，我们的行为方式应该赢得同事的尊重和信任：可靠、诚实、开放、有道德，并尊重他们。第二，愿意与他人合作。在有人索要信息时与他们分享信息，即使是进行中的工作。在需要时伸出援手，同样重要的是，自己主动求助。第三，做主动学习者。我们应该力求精通本业，始终留意各种试验和学习的机会。超越本职专业，了解更广的软件过程和业务环境。通过成为一个T型人才即"复合型专家"，我们将能够更好地理解别人的背景，进而更有效地与他们互动[AgileModeling]。第四，争取绝不让团队失望。是的，这种情况有时会发生，而优秀的团队会理解并原谅这一点。第五，西蒙·鲍尔（Simon Powers）[Powers]指出，我们应当乐于改善和管理逆商，即面对困难情境的情绪反应。创新需要多元化，而就其本质而言，多元化的观点可能会引起情绪反应。我们必须全体努力，使工作场所给人以心理上的安全感。

杰出的团队还选择从一开始就内建质量。精益思维告诉我们，要修复任何质量问题以及造成这些问题的工作方式。与其争论哪些程序错误可以跳过留待以后，不如学习如何完全避免程序错误。当我们朝着这个方向努力时，我们的工作方式是：做一点工作，进行验证，修复我们发现的任何问题，然后进行迭代。《敏捷宣言》明确指出，持续关注卓越技术和优良设计可以增强敏捷性[Manifesto]。

组织内的高层领导可以通过为员工提供工作所需的权限和资源，建立安全的文化和环境（见下一项原则），并激励他们表现优异，使员工成为在杰出的团队中工作的杰出的个人。员工的动力来自于获得工作的自主权，有机会精通自己的主业，以及做有的放矢的事情[Pink]。你想要怎样的员工，有动力的员工还是无动力的员工？[1]

---

[1] 如果你觉得快乐的员工成本昂贵，那就等着试试不快乐的员工吧！

## 原则：环境很重要

每个人都是独特的，都有各自的技能、工作方式的偏好、职业目标和学习方式。每个团队都是独特的，不仅因为它是由独特的人组成的，还因为它面临独特的情境。我们的组织也是独特的，即使有其他组织与我们在同一市场上运营。例如，福特、奥迪和特斯拉等汽车制造商都制造同一类别的产品，然而，说这些公司是大相径庭的公司毫不为过。这些观察结果，即人、团队和组织都是独特的，使我们得出一个关键的想法，即我们的过程和组织结构必须针对我们目前面临的情况量身定做。换句话说，环境很重要。

图2.2改编自情境环境框架（SCF）[SCF]，表明有几个环境因素会影响团队选择其工作方式。这些因素分为两类：对我们选择生命周期有重大影响的因素（详见第6章），以及促使我们作出实践/策略选择的因素。实践/策略选择因素是生命周期选择因素的超集。例如，在同一个房间工作的八人团队，在生命攸关的监管情境下处理一个非常复杂的领域问题，与一个分散在公司园区各处的50人团队，在非监管情境下处理一个复杂问题，两者的组织方式会有所不同，选择遵循的实践也会不同。尽管这两个团队可能为同一家公司工作，但他们可能会选择非常不同的工作方式。

图2.2有几个很有意思的地方。首先，在每个选择因素上越靠右，团队面临的风险就越大。例如，外包比建立自己的内部团队的风险要大得多。低技能团队比高技能团队的风险大得多。大团队比小团队的风险大得多。生命攸关监管情境比财务攸关情境的风险大得多，而财务攸关情境又比完全无监管的情境风险大得多。第二，因为处于不同情境的团队需要选择与其所处情境相适应的工作方式，为了帮助他们有效地调整方法，我们需要给他们选择。第三，凡与多个团队互动的人都需要有足够的灵活性，来恰如其分地与每个团队合作。例如，我们对处于生命攸关情境下的小型同地办公团队的治理方式，会不同于分散于园区各地的中型团队。同样，支持这两个团队的企业架构师（EA）与两个团队合作的方式也会不同。

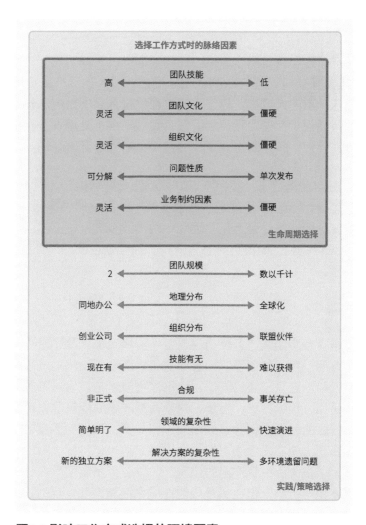

**图2.2 影响工作方式选择的环境因素。**

关于以敏捷方式交付价值，Scrum过去提供了坚实的指导，但这方面的正式著述只有一本19页的小册子[ScrumGuide]。规范敏捷方法承认，企业的复杂性决定了这些指导远远不够，因此提供了一个全面的参考工具箱，根据各自的独特环境，以简单明了的方式调整敏捷方法。能够根据各自的环境以各种选择来调整各自的方法，而不是一刀切地使用一种方法或框架，这是一件好事，我们将在下文进一步探讨。

## 原则：务实

许多敏捷实践者对于严格遵循特定的方法相当狂热。事实上，我们遇到过很多人说，要想"做对敏捷"，我们需要有5-9个人在一个房间里，而且业务人员（产品负责人）要一直在场。这个团队不应该受团队外部的人打扰，应该百分之百地投入到项目中。然而，在许多成熟的企业中，这样的理想条件很少存在。现实情况是，我们不得不处理许多次优情境，如分布式团队、大型团队规模、外包、多团队协调以及利益相关者并非全时在场。

DA认识到这些现实。在这些情境下，我们不说"我们无法变敏捷"，而是说："让我们务实一点，争取尽可能有效。"DA不是规定"最佳实践"，而是提供策略，目的是即便做出某些必要的妥协，也要将敏捷的好处最大化。因此，DA是务实的，在其指导中并不追求纯粹。DA提供的是护栏，用来帮助我们做出更好过程选择，而不是在我们所处的环境下，要求可能根本不适用的严格规则。

## 原则：选择是好事

让我们假设我们的组织有多个团队在各种情境下工作。事实上，除了最小的公司之外，这是常态。如何定义一个适用于每一种情境、能够涵盖每个团队所面临的一系列问题的过程？我们如何在每个团队学习和演进其方法的同时，让该过程能够与时俱进？答案是做不到，记录这样一个过程的成本是指数级的昂贵。但是，这是否意味着我们需要对每个人施加同样的规定性过程？当我们这样做的时候，就会造成团队过程失调，降低他们有效工作的能力，而且更有可能使他们投入资源，使自己看起来好像在遵循过程，但实际上并没有。或者，这是否意味着我们只是有一个"供大家免费使用的过程"，并告诉所有团队，让他们自己去想办法理清头绪？虽然这可能是可行的，但在实践中往往成本很高，非常耗时。即使有教练指导，每个团队也不得不去发明或发现已经存在多年甚至几十年的实践和策略。

开发新的产品、服务和软件是一项复杂的工作。这意味着我们永远无法确定会发生什么。有许多层面的活动在同时进行，很难看到每一个活动与其他活动的关系。系统是一个整体，仅仅看其组成部分是无法理解整体系统的，而必须考虑系统的各个组成部分是如何相互作用的。以汽车为例。虽然汽车有部件，但汽车本身也受制于汽车部件的相互作用。例如，在汽车上装一个更大的发动机，如果车架无法支持发动机，可能会使汽车不稳定；如果刹车系统力量不够，甚至会有危险。

在对工作方式作出改进时，必须考虑以下几点：

- 人与人之间如何互动；
- 在系统的一个部分所做的工作如何影响到其他部分的工作；
- 人们如何学习；以及
- 系统内的人如何与系统外的人互动。

这些互动对某个特定的组织而言具有独特性。"环境很重要"原则意味着我们必须基于所处的情境做出明智的选择。但怎么做呢？我们首先要认识到，我们并非试图事先找出最佳行事方法，而是制定出一系列步骤，每个步骤都是对当下所做事情的改进，或者借助于学习提高下次改进的机率。

这一系列中的每个步骤都以假设的形式呈现；也就是说猜想如果能够完成某个步骤，这个步骤就是一个改进。如果有改进，我们就很高兴，就能接着实行下一步。如果没有改进，我们应该问为什么没有。我们的努力应该导致改进或学习，然后为下一步的改进行动奠定基础。我们在尝试并验证各种行动时，可以把这看作是一种科学的方法。原因可能是我们采取了错误的行动，人们没有接受这种行动，或者这种行动超出了我们的能力。

举一个例子。比方说，我们看到员工总是同时处理多项任务。通常，这种情况是由于员工承担的事情太多，而又无法快速完成所造成的。这导致他们从一项任务转到另一项任务，给他们的工作流以及依赖他们的人造成延误。如何停止这种多任务处理取决于其起因。这些原因通常是明确的，或者可以很容易地辨识出来。即使不确定，基于过去在类似情境下有效的实践进行尝试，往往能够取得良好的成果或经验。DA的突出之处在于，我们使用与所处情境相关的实践，而要做到这一点，就需要知道存在哪些可以选择的实践。

不同的环境需要不同的策略。团队需要能够以主人翁态度对待自己的过程，并进行试验，以发现在所处情境下在实践中有效的策略。正如我们在第一章所学到的那样，DAD提供六个生命周期供团队选择，还提供24个过程目标，指导我们在所处情境下为团队选择正确的实践/策略。是的，一开始看起来有点复杂，但事实证明这种方法是一种简单明了的策略，有助于应对解决方案交付团队所面临的复杂性。把DAD及一般的DA看作是在选择和演进工作方式时支持我们工作的支架。

这种选择驱动型策略是一条中间路线。在一极，我们有规定性的方法，这些方法有它们的位置，告诉我们一种做事的方法，比如Scrum、极限编程（XP）和SAFe®等。不管反对这些方法的人怎么说，这些方法/框架在某些情境下确实很有效，只要我们发现自己处于这种情境，就会对我们很有效。然而，如果某种方法并不适合我们所处的情境，就可能会弊大于利。在另一极，我们通过审视自身的挑战来创造自己的方法，基于原则创造新的实践，并作为试验来尝试这些实践，边做边学。那些告诉我们要边试验边学习的方法[2]就是这样发展其方式的。这在实践中效果很好，但可能成本很高、非常耗时，而且会导致团队间严重不一致，阻碍我们的整体组织过程。难得的是，Spotify®在产品公司、共同的架构、无技术债务以及能够发展而不是改变文化这一环境下演进其过程，更不用说数名内部的全栈型专家。DA位于这两极之间；通过采取这种过程目标驱动型方法，它在团队之间提供了组织层面所需的过程通用性，同时也为团队提供了灵活和简单明了的指导，为应对所处情境的环境而定制和演进了其内部过程。团队可以从已知的策略中选择可能的选项，然后进行试验，增加他们在实践中找到有效策略的机会。最起码这让他们明白自己有选择，且不止是规定性方法所描述的那一种方法。

当我们表示Scrum和极限编程（XP）等主流方法是规定性方法时，人们常常感到惊讶，但这些方法的确是规定性的。Scrum规定每天开一次不超过15分钟的站会（Scrum），所有团队成员都必须参加；团队必须在每个迭代（冲刺）结束时进行回顾；团队规模不应超过9人。极限编程规定了结对编程（两人共用一个键盘）和测试驱动开发（TDD）；当然，在正确的环境下，这两种做法都很好。我们并不是说规定性不好，而只是说它确实存在。

为了给人们提供选项，从中择取自己的工作方式，DA从各种来源收集了各种策略，并将其置于环境之中。这样做的一个重要副作用是，它很快就迫使我们采取一种不可知论的方法。

---

[2] Spotify和其他方法一样，是我们在DA中挖掘潜在想法的一个重要来源。尤其是，我们发现他们对过程改进采取的试验方法是很有用的，我们已经把这种方法演进成指导式试验（第一章）。遗憾的是，许多组织试图照搬Spotify的方法，而Spotify公司告诫大家不要照搬。几年前，Spotify方法在其所处环境中是适合他们的。他们说得很清楚，如果我们照搬他们当时的做法，那Spotify就不是现在的样子了。哪怕我们碰巧也是一家瑞典在线音乐公司，我们的环境也是不同的。

在DA中，我们结合了各种来源的策略：方法、框架、知识体系、书籍、我们在帮助组织改进方面的实际经验等等。这些来源使用不同的术语，有时相互重叠，有不同的范围，基于不同的思维模式，而且往往相互矛盾。第三章更详细地阐述了DA是一个混合工具箱，提供不可知论的过程建议。如前所述，为了尽快学习和改进，领导层应该鼓励早期试验。然而，我们会建议，通过参考规范敏捷中已经证实的策略，我们将针对所处环境做出更好的选择，通过减少失败来加速过程的改进。更好的选择，帮助我们尽早得到更好的结果。

## 原则：优化流程

尽管敏捷思维在很多方面源于精益思维，但工作流的原则似乎超越了两者。唐·赖纳森（Don Reinertsen）在《产品开发流原则》第2版（*Principles of Product Development Flow: 2nd Edition*）[Reinertsen]中提供了更多直接行动，可供我们用来加速价值实现。审视价值流，能够使团队以一种有效实施组织价值流的方式进行合作。虽然每个团队可能只是价值流的一个部分，但他们能看到自己可以与其他团队保持一致，从而最大限度地实现价值。

其意义是，作为一个组织，我们需要优化整体工作流。DA支持源自于敏捷、精益和工作流的策略：

1. **优化整体**。DA团队以"企业意识"方式工作。他们意识到所在团队是组织内众多团队中的一个，因此，他们的工作方式应对整个组织最有利，而不仅仅是对自己方便而已。更重要的是，他们努力精简整体过程，像精益原则建议的那样优化整体。这包括设法缩短整个周期的时间，即从过程开始到结束向客户提供价值的总时间[Reinertsen]。
2. **衡量重要的元素**。Reinertsen的告诫"如果只能量化一件事，那就量化延误成本"，从整体组织的角度告诉你该优化什么元素。"延误成本"是指当产品被延误时，企业所承担的价值成本。作为一个组织或一个组织内的价值流，甚至在团队层面，我们都会有想要实现的结果。在这些结果中，有些是以客户为中心的，有些是以改进为中心的（通常源于改进以客户为中心的结果）。我们的衡量指标应该协助改进结果，或改进我们提供更好结果的能力。

3. **以可持续的步伐持续交付小批量的工作。** 小批量的工作不仅使我们能够更快地获得反馈，还使我们能够放弃项目中不那么有价值的工作。约束理论（ToC）的创始人戈德拉特博士（Dr. Goldratt）曾经说过："缩小批量规模常常就能使系统重新得到控制"[Goldratt]。通过频繁交付可消费的解决方案，我们可以调整真正需要的元素，避免构建不需要的元素。所谓"可消费"，指的是可用、想用、实用（能满足利益相关者的需求）。"解决方案"指的是软件、硬件、业务过程变更、解决方案用户的组织结构变更等，当然还有任何其他的支持文档。

4. **通过管理队列来处理延误。** 通过处理队列（等待完成的工作），我们可以识别瓶颈，并使用精益、约束理论和看板中的概念来消除瓶颈。这样做，就能消除工作流中造成额外工作的延误。

5. **持续改进。** 优化工作流需要不断学习和改进。"演进工作方式"过程目标能够获得一些策略，这些策略能够长期改进团队工作环境、我们的过程以及工具基础设施。选择工作方式是一件持续进行的事情。这种学习不仅与我们的工作方式有关，还与我们的工作内容有关。埃里克·莱斯（Eric Ries）在精益创业上的工作最重要的影响大概是试验思维的普及，也就是将科学方法的基本概念应用于商业。可以按照第一章所描述的引导持续改进（GCI）策略，将这种思维模式应用于过程改进。验证我们的学习是DA思维模式的准则之一。持续改进也是规范敏捷实践者彼此间的承诺之一（见下文）。

6. **倾向于长期的专用产品团队。** 敏捷界一个非常普遍的趋势是，从项目团队转向跨职能的产品团队。这让我们进入下一个原则：围绕产品/服务进行组织。

## 原则：围绕产品/服务进行组织

围绕我们向客户提供的产品和服务（或称为提供物）进行组织有几个原因。这样做的意思是，我们并不围绕工作职能来组织，比如有一个销售小组、一个商业分析小组、一个数据分析小组、一个供应商管理小组、一个项目管理小组，等等。这样做的难点是，管理这些迥然不同的团队的工作，以及调整这些团队各不相同的工作优先级所需的费用和时间。相反，我们建立专用的团队，重点是向一个或多个客户交付提供物。这些团队将是跨职能的，其中包括有销售技能、商业分析技能和管理技能的人，等等。

围绕产品/服务进行组织使我们能够识别和优化重要的工作流，也就是价值流。我们会发现，相关提供物的集合将定义我们提供给客户的价值流，而这个价值流将通过负责这些提供物的团队集合来实施。DA工具箱的价值流层（由DA FLEX生命周期记录）见第一章阐述。

围绕产品/服务进行组织使我们能够高度专注于取悦客户。斯蒂芬·丹宁（Stephen Denning）称之为客户法则，即每个人都需要热衷于并专注于为客户增加价值[Denning]。理想情况下，这些是外部客户，是我们的组织所服务的人或组织。但有时这些也是内部客户，即与我们合作的其他小组或人员，使他们能够更有效地服务于他们的客户。

在一个价值流中，业界已经发现，专用的跨职能产品团队长期共事，在实践中是最有效的[Kersten]。话虽如此，还是始终会有基于项目的工作。第六章显示，DA支持既适合项目团队又适合专用产品团队的生命周期。始终铭记，选择是好事。

## 原则：企业意识

人们有企业意识时，就会有动力去考虑组织的整体需求，确保其所做的事情会正面促进组织的目标，而不仅仅是团队的次优目标。这是优化整体的精益原则的一个例子。在这种情况下，"整体"是组织，或至少是价值流，而不是团队层面的局部优化。

企业意识使人们的行为在几个重要方面产生了正面的变化。第一，他们更有可能与企业专业人士密切合作，寻求他们的指导。这些人，如企业架构师、产品经理、财务专业人员、审计师和高级行政人员，负责组织的业务和技术战略，以及发展组织的整体愿景。第二，有企业意识的人更有可能利用和发展组织内的现有资产，并由此与负责这些资产（如数据、代码和成熟的模式或技术）的人合作。第三，他们更有可能采用和遵循共同的指导，在需要的地方进行调整，从而提高整体的一致性和质量。第四，他们更有可能在各个团队之间分享其学习成果，从而加快组织的整体改进工作。事实上，DA的过程色块之一"持续改进"，就是专注于帮助人们分享学习成果。第五，有企业意识的人更愿意以透明的方式工作，同时他们希望他人以同样的方式回报。

也有可能出现负面的后果。有些人认为，企业意识要求团队做到绝对一致和遵守过程，而没有意识到环境很重要，每个团队都需要作出自己的过程决定（在边界内或通常所说的"护栏"内）。企业意识会导致一些人陷入"分析瘫痪"的状态，他们被组织的复杂性所淹没而无法做出决定。

## 我们承诺

因为规范敏捷实践者相信DA的原则，所以他们承诺采取一些行为，这些行为能使他们在团队内的工作以及与其他人的合作更为有效。这些承诺在实践中具有协同作用，而且相互之间有正反馈循环。DA思维模式的承诺是：

- 营造心理安全，拥抱多元化。
- 加快价值实现。
- 主动合作。
- 让所有的工作和工作流可见。
- 提高可预测性。
- 将工作量控制在能力范围内。
- 持续改进。

## 承诺：营造心理安全，拥抱多元化

心理安全意味着能够展示自己并专心工作，而不必担心给地位、事业或自我价值造成负面后果——我们应该在工作环境中自如地做自己。2015年在谷歌开展的一项研究发现，成功的团队为团队成员提供了心理安全，团队成员能够相互依赖，分工明确，职责清晰，而且人们在做对自己有意义和有影响的工作[Google]。

心理安全与多元化是相辅相成的，即承认每个人都是独一无二的，可以通过不同的方式增加价值。个人独特性的维度包括但不限于种族、族裔、性别、性取向、敏捷性、身体能力、社会经济地位、宗教信仰、政治观点和其他意识形态信仰。多元化对于团队的成功至关重要，因为它能促进创新。团队越是多元化，创意就越好，工作就越好，就越能从彼此身上学到东西。

有多种策略能让我们在团队内部培养心理安全和多元化：

1. **要尊重他人**。每个人都是不同的，有不同的经历和不同的偏好。没有谁是最聪明的。尊重别人知道而我们不知道的东西，承认别人的不同观点同样重要。
2. **要谦虚**。在许多方面，这是具备学习心态并能尊重他人的关键。
3. **要有道德，值得信赖**。如果别人信任我们，他们在与我们工作和互动时就更有安全感。信任是通过一系列的行动长期建立起来的，但只需一次行动就会瞬间打破。
4. **营造正面看待失败的氛围**。敏捷界里有一个上口的短语叫"快速失败"。我们更喜欢艾·沙洛维（Al Shalloway）的建议，"营造正面看待失败的氛围，如此才能快速学习。"其要旨是即使某件事可能会失败，也要毫不犹豫地尝试。但重点应该是安全而快速地学习。请注意，"安全"既指心理上的安全，也指工作上的安全。正如我们在第一章中学到的那样，引导持续改进（GCI）旨在尝试新的工作方式，期望这些方式会对我们有用，同时做好试验失败时从中汲取教训的心理准备。

## 承诺：加快价值实现

什么是价值？这是一个要提出的重要问题。我们的团队帮助提供产品/服务，让消费这些产品/服务的最终客户受益，这就是客户价值，也是敏捷实践者通常关注的东西。其重要性显而易见，但在规范敏捷中，我们明确指出，团队有一系列的利益相关者，包括外部的最终客户。那么，我们是不是也应该为他们提供价值呢？

马克·施瓦兹（Mark Schwartz）在《商业价值的艺术》（*The Art of Business Value*）中，区分了两类价值：客户价值和商业价值[Schwartz]。商业价值涉及这样的问题，即有些事情对我们的组织有好处，并且也许只是间接对我们的客户有好处。例如，投资于企业架构、可重复使用的基础设施，以及在我们组织内分享创新成果，都有可能提高一致性、质量、可靠性，并从长远来看降低成本。这些东西对我们的组织有很大的价值，但可能对客户价值没有什么直接影响。然而，以这样一种企业意识方式工作，显然是一件非常明智的事情。

我们有数种方式能加速价值实现：

1. **在小型高价值项目上下功夫**。通过现在就致力于最有价值的事情，我们增加了工作的整体投资回报率（ROI）。通过在小事情上下功夫并快速发布成果，我们能将工作成果快速交到利益相关者手中，减少延迟的整体成本，缩短反馈周期。这是敏捷界很常见的策略，可以说是敏捷的一个基本要素。
2. **重复使用现有资产**。我们的组织很可能有很多好东西可以利用，比如现有的工具、系统、数据来源、标准和其他许多资产。但是，我们需要选择去查找这类资产，需要得到支持来接触并了解这类资产，并且还可能需要做一点工作来改进这些资产，使之适合我们的情境。本章后面有所阐述的DA思维模式的准则之一，是利用和增强组织资产。
3. **与其他团队合作**。加快价值实现的一个轻松的方式是与他人合作来完成工作。记住这句老话：人多好办事。

## 承诺：主动合作

规范敏捷实践者努力为整体增加价值，而不仅仅是为他们个人的工作或团队的工作增加价值。这意味着我们要在团队内部以及与团队外部的其他人进行合作，并且要主动这样做。等待别人提出要求是被动的，看到有人需要帮助，然后自愿去帮忙是主动的。我们观察到，主动合作有三个重要机会：

1. **团队内部。**我们应该始终专注于做到杰出，与团队成员一起工作并帮助他们摆脱困境。因此，如果我们看到有人工作负担过重，或在解决某些问题时很吃力，不要只是等待对方提出要求，而要主动提供帮助。
2. **与我们的利益相关者。**杰出的团队与其利益相关者有很好的工作关系，与他们合作以确保他们所做的事情是利益相关者真正需要的。
3. **跨越组织界线。**在第一章中，我们讨论了组织是一个由与其他团队互动的团队组成的复杂自适应系统（CAS）。

## 承诺：让所有的工作和工作流清晰可见

规范敏捷团队及其中的团队成员个人将其所有工作以及工作方式都清晰地摆在他人面前。[3] 这通常称为"极致透明"，其理念是我们应该对他人开放和诚实。并非所有人都能接受这一点。

采用传统方法的组织有很多"西瓜"项目，即外面绿里面红，意思是，他们声称自己做得很好，但实际上却遇到了麻烦。透明对于支持有效的治理和促进合作都至关重要，因为人们能够看到其他人目前正在做什么。

规范敏捷团队通常会在个人层面和团队层面上将其工作清晰地呈现出来。专注于过程中的工作是至关重要的，这比进行中的工作更重要。进行中的工作，是我们目前正在干的工作。而过程中的工作，是进行中的工作加上任何排队等待我们去做的工作。规范敏捷实践者因此而专注于过程中的工作。

规范团队使他们的工作流清晰可见，因此有明确的工作流政策，每个人都知道其他人是如何工作的。这样人们就对如何一起协作有了约定，因而有利于合作。它还让我们能够了解正在发生的事情，从而增加了发现潜在问题的机会，因而有利于过程改进。重要的是，在工作方式上，我们既要持不可知论，又要有务实的态度，因为我们希望在所处环境中做到最好。

---

[3] 当然，出于竞争或监管方面的担忧，这可能受到保密需要的限制。

## 承诺：提高可预测性。

规范团队努力提高预测性，使自己能够更有效地进行合作和自组织，从而履行对利益相关者所作出的承诺。我们之前做出的许多承诺都是为了提高可预测性。想知道如何提高可预测性，往往需要看到导致不可预测性的原因，比如技术债务和超负荷工作的团队成员，然后再攻克这些难题。

提高可预测性的常见策略包括：

- **偿还技术债务**。技术债务是指未来重构或返工的隐含成本，以提高资产的质量，使之易于维护和扩展。当我们有大量的技术债务时，就很难预测工作需要付出多少努力，用高质量的资产工作比用低质量的资产工作要容易得多。由于大多数技术债务是隐藏的（我们并不知道是什么在调用我们正要修改的源代码，或者我们并不知道在我们装修厨房时要拆掉的那堵墙的后面到底有什么），所以当我们进入工作状态时，它往往会给我们带来不可预知的意外。"改进质量"过程目标所描述的偿还技术债务，是提高我们工作可预测性的一个重要策略。
- **尊重在制品（WIP）的限制**。当人们的工作量接近或达到最大产能时，就很难预测一件事需要多长时间才能完成。2天的工作量可能会让我们花3个月来完成，原因是我们让这件工作在工作队列中等待了3个月，或者在3个月时间里每次只做一点点。更糟糕的是，一个人的工作量越大，其反馈周期就会越长，这样他需要完成的工作也越多（见下文），从而进一步增加他的工作量。因此，我们希望将工作量控制在产能以内，这是我们的另一个承诺。
- **采用测试优先的方法**。采用测试优先的方法，我们在构建一个东西之前，要想清楚如何测试它。这样做的好处是，我们的测试既能给出工作的规范，又能验证该工作，一举两得，从而促使我们创造出更高质量的工作产品。这也增加了可预测性，因为在实际工作之前，我们会对要做的工作有更好的了解。有几种常见的实践采取了测试优先的方法，包括验收测试驱动开发（ATDD）[ExecutableSpecs]（即通过工作验收测试来记录详细需求），以及测试驱动开发（TDD）[Beck; TDD]（即把我们的设计记录为可行的开发者测试）。

- **缩短反馈周期**。反馈周期是指从做某事到得到反馈的时间。例如，如果我们写了一份备忘录，然后把它发送给某人，看看他/她有何想法，然后他/她花了4天时间给我们回复，那么反馈周期就是4天。但是，如果大家合作，一起写备忘录，这种做法叫做结对，那么反馈周期就在几秒钟之内，因为他/她能一边看着我们输入，一边讨论。反馈周期短，使我们能够迅速采取行动，改进工作质量，从而提高我们的可预测性，提高取悦客户的可能性。反馈周期长会有问题，是因为获得反馈的时间越长，工作中的问题就越有可能累积，从而增加解决问题的成本，原因是这时我们需要修复起初的问题以及由此延伸的问题。反馈周期长也增加了工作需求发生转变的机会，要么是因为环境发生了变化，要么是因为有人改变了想法。在这两种情况下，较长的反馈周期会导致更多有待去做的工作，从而增加我们的工作量（如前所述）。

## 承诺：将工作量控制在能力范围内

无论从个人还是从生产力的角度来看，超出能力范围都是有问题的。在个人层面，个人或团队超负荷工作往往会增加相关人员的挫败感。虽然这可能在短期内激励一些人更辛勤地工作，但从长远来看，这会导致工作倦怠，甚至可能促使人们放弃和辞职，因为这种情境让他们感到无望。从生产力的角度来看，超负荷工作会导致多任务处理，从而增加整体管理费用。我们可以通过以下方式将工作量控制在能力范围内：

- **小批量生产**。采取小批量生产，我们就能专注于完成小批量的工作，然后再去做下一个小批量。
- **拥有妥善组建的团队**。跨职能和人员充足的团队，减少了对其他人的依赖，可以提高我们将工作量控制在产能范围内的能力。依赖越多，工作就越难预测，因而就越难组织。
- **采取工作流视角**。通过审视我们所处的整体工作流，我们能够找到工作队列积压的瓶颈，进而确定产能超载的地方。然后，我们可以调整工作方式来缓解瓶颈，也许可以把员工从一种活动转移到另一种需要更多产能的活动，或者改进我们处理有瓶颈的活动的方法。当然，我们的目标是优化所处的整个价值流的工作流，而不仅仅是局部优化自己的工作流。
- **使用一个拉式系统**。在准备就绪时使用"拉动"的好处之一是我们可以管理自己的工作量水平。

## 承诺：持续改进

真正成功的组织，像苹果、亚马逊、eBay、Facebook、谷歌等等，都是通过持续改进取得成功的。他们意识到，要保持竞争力，就需要不断地、想方设法地改善其过程、向客户交付的结果以及他们的组织结构。这就是这些组织采取基于改进的方法，通过小变化谋求改进的原因所在。在第一章中，我们了解到，通过采取引导持续改进（GCI）方法，利用DA工具箱内的知识库，我们能做得比这更好。

持续改进要求我们对改进的内容达成一致。我们注意到，专注于改进其履行此处所述承诺的方式的团队，包括改进其改进方式的团队，往往比那些不这样做的团队改进得快。我们的团队明显地因为采用以下措施而受益：提高安全性和多元化、改善协作、提高可预测性，以及将其工作量控制在能力范围内。当我们对其他承诺进行改进时，我们的组织也会从这些事情中受益。

## 我们遵循这些准则

规范敏捷实践者为了履行其作出的承诺，会选择遵循一系列的准则，使其工作方式更加有效。DA思维模式的准则是：

1. 验证我们的学习成果。
2. 应用设计思维。
3. 关注价值流中的关系。
4. 创造能促进快乐的有效环境。
5. 通过改进系统来改变文化。
6. 创建半自主的、自组织的团队。
7. 采用衡量指标来改进结果。
8. 充分利用和增强组织资产。

## 准则：验证我们的学习成果

变得杰出的唯一途径是试验然后酌情采用新的工作方式。在GCI工作流中，在试验了一种新的工作方式后，我们会评估其效果如何，这种方法称为验证式学习。顺利的话，我们会发现新的工作方式适合我们所处的环境，但也可能发现它不适合。无论怎样，我们都已经验证了所学到的东西。愿意并能够进行试验，对于过程改进工作至关重要。记住马克·吐温的箴言："给你带来麻烦的，不是你不知道的东西，而是你自以为很了解的东西。"

验证式学习并不只是用于过程改进。我们还应将这一策略应用于为客户提供的产品/服务（提供物）。我们可以建造细分批量，向利益相关者提供变更，然后评估这种变更在实践中的效果如何。要做到这一点，我们可以向利益相关者演示我们的提供物，或者将变更发布给实际的终端用户，并衡量他们是否从这些变更中受益，那就更好了。

## 准则：应用设计思维

取悦客户，要求我们认识到，我们的工作是为客户创造运营价值流，这些价值流的设计是以客户为中心的。这需要我们应用设计思维。设计思维意味着要对客户产生共情，在开发解决方案之前先尝试了解他们的环境和需求。设计思维代表了这样的一种根本转变——以我们的视角构建系统，再创造性地解决客户问题。如果在此期间能满足客户自己也不知道的需求，就更好了。

设计思维是一种探索性方法，应该用来反复探索一个问题空间，并为其确定潜在的解决方案。设计思维起源于以用户为中心的设计以及以使用为中心的设计。这两者都影响了敏捷建模，而DA工具箱采用的实践就来自敏捷建模及其他方法。在第六章中，我们将了解到DA包括专门用于探索新的问题空间的探索性生命周期。

## 准则：关注价值流中的关系

《敏捷宣言》的最大优势之一是它的第一个价值观：个体和互动胜于过程和工具。另一个优势是在支撑宣言的原则中对团队的关注。然而，这也带来了令人遗憾的副作用，也就是让人们不再关注不同团队甚至不同组织中的人与人的互动。我们的经验是，承担工作的人彼此互动才是关键，无论他们是不是团队的一员。相信这也是宣言作者的本意。因此，如果产品经理需要与组织的数据分析团队密切合作，更好地了解市场动态，并且与策略团队合作，帮助将这些观察结果置于环境之下，那么我们就要确保这些互动是有效的。这些团队之间需要主动协作，支持手头的整体工作。

关心和维护健康的互动过程对相关人员来说非常重要，并且应该得到组织领导层的支持和赋能。事实上，有一种领导策略叫做"从中间-向上-向下的管理"[Nonaka]，即管理层在价值流中"向上"寻找所需的东西，使团队能够满足这一需求，并与下游的团队合作，有效地协调工作。总体目标是局部协调，支持优化整体工作流。

## 准则：创造能促进快乐的有效环境

套用《敏捷宣言》的说法，杰出的团队是围绕着积极进取的个人建立的，这些个人被赋予了完成目标所需的环境和支持。做到杰出会带来乐趣和快乐。我们希望在公司工作是一种很好的体验，这样做，才能吸引和留住最好的员工。只要方式正确，工作就像玩一样。

我们可以创造一个人人都能很好合作的环境，使工作更加快乐。要做到这一点，一个关键策略是允许团队自组织——让他们选择和演进自己的工作方式、组织结构和工作环境。团队在这样做时必须具备企业意识，这意味着我们需要与其他团队合作，并且具备必须遵循的组织程序和标准，以及对所能做的事情设定约束。领导层的任务是为团队提供一个良好的起步环境，然后支持并赋能团队，让他们边学习边改进。

## 准则：通过改进系统来改变文化。

彼得·德鲁克（Peter Drucker）有句名言："文化能把战略当早餐吃掉。"这句话让敏捷界铭记于心，而这一理念清晰体现在《敏捷宣言》以人为本的本质中。虽然文化很重要，而且文化变革是任何组织的敏捷转型的重要组成部分，但令人遗憾的现实是，我们无法直接改变文化。这是因为文化是对现有管理系统的反映，所以要改变文化，就需要演进我们的整体系统。

从系统角度来看，系统是所有组成部分之和，加上各部分彼此互动的方式[Meadows]。就一个组织而言，其组成部分是内部的团队/小组以及他们所使用的工具和其他资产，包括数字和实物形式的工具和资产。互动是相关人员的合作，由他们所承担的角色、责任以及他们的工作方式所驱动。要改进一个系统，我们需要同时演进其组成部分和这些组成部分之间的互动，步调要一致。

要改进组织系统的组成部分，我们需要演进团队结构和工作中使用的工具/资产。下一条DA思维准则，"创建半自主的、自组织的团队"，涉及这个问题的团队因素。"改进质量"过程目标记录了改进基础设施质量的选项，这往往是一项需要大量投资的长期工作。改进各组成部分之间的互动，是本书的重点，为了做到这一点，我们需要演进团队成员的角色和责任，并赋予其演进工作方式的能力。

总之，如果系统得到了改进，文化的改变就会随之而来。为了确保文化的改变是积极、正面的，我们需要采取验证式学习方法来进行这些改进。

## 准则：创建半自主的、自组织的团队

组织是由团队网络（或者说是团队的团队）组成的复杂自适应系统（CAS）。虽然主流的敏捷系统要求我们建立"全面团队"，具备取得任务结果所需的所有技能和资源，但现实是，任何一个团队都不是一座孤岛。自主团队是最理想的，但任何团队都要依赖上下游的其他团队。当然，提供物（产品或服务）之间也有依赖，这使得负责这些提供物的团队必须相互合作。斯蒂芬·丹宁在他的《网络法则》（LawoftheNetwork）中[Denning]，米克·克斯坦（MikKersten）在从他对项目团队转向产品团队的建议中[Kersten]，约翰·科特（John Kotter）在《加速》（Accelerate）中 [Kotter]，斯坦利·麦克里斯特尔（Stanley McChrystal）在他的团队的团队战略[MCSF]中，以及许多其他人，都推荐了这种团队网络型组织结构。

团队将定期主动与其他团队合作，这是DA思维模式的承诺之一。杰出的团队是尽可能全面的团队，是跨职能的，具备成功所需的技能、资源和权限；而团队成员本身也往往是跨职能的复合型专家。此外，他们是围绕着所属价值流提供的产品/服务而组织的。有趣的是，当我们有专门服务于商业利益相关者的团队时，预算编制就变得简单多了，原因是我们只需按每个产品/服务所对应的人来编制预算即可。

创建半自主的团队是一个很好的开端，但也需要注意价值流环境下的自组织。团队将自组织，但他们必须在自己所处的整体工作流环境下这样做。记住，优化工作流和企业意识的原则，即团队必须努力做那些对整个组织有利的事情，而不仅仅是对自己方便的事情。当其他团队也以这种方式工作时，我们全都会因此而变得更好。

## 准则：采用衡量指标来改进结果

说到衡量指标，环境很重要。我们希望改进什么？质量？上市的时间？员工士气？客户满意度？上述各项的组合？每个人、每个团队、每个组织都有自己的改进优先事项，有自己的工作方式，因此他们会有自己的一套衡量指标，通过收集这些衡量指标来洞悉自己的工作情况，更重要的是，明白后续如何前进。而这些衡量指标随着情境和优先事项的演进而逐渐演进。这意味着我们的衡量策略必须是灵活的，有的放矢的，而且是因团队而异的。"治理团队"过程目标提供数种策略，包括目标问题指标（GQM）[GQM]以及目标和关键结果（OKRs）[Doer]，促进了环境驱动型指标。

团队应该用指标来提供对其工作方式的洞见，并为高级领导层提供可见性以便有效治理团队。如果做对了，指标将指导更好的决策，进而得到更好的结果。如果做错了，我们的衡量策略会增加团队所面临的繁文缛节，拖累其生产力，并且会给试图治理团队的任何人提供不准确的信息。在决定衡量团队的方法时，有几个启发性的要点可以考虑：

- 从结果开始。
- 衡量与交付价值直接相关的元素。
- 没有"一成不变"的衡量尺度；团队需要有的放矢的指标。
- 每个指标各有利弊。
- 使用指标来激励，而不是比较。
- 衡量什么，就得到什么。
- 团队使用指标进行自组织。
- 在团队层面上衡量结果。
- 每个团队都需要一套独有的衡量指标。
- 衡量是为了改进；我们需要衡量所失，方能看到所得。
- 不同的团队可以有共同的指标类别，但没有共同的指标。
- 相信，但要核实。
- 不要按照指标进行管理。
- 尽可能自动化，以免衡量指标受到人为操弄。
- 趋势胜于标量。
- 引领胜于跟随。
- 拉式胜于推式。

## 准则：充分利用和增强组织资产

我们的组织有许多资产——信息系统、信息来源、工具、模板、程序、经验等等，团队可以利用这些资产来改进效率。我们不仅可以选择采用这些资产，而且还可能会发现我们可以改进这些资产，使之对我们以及其他也选择使用这些资产的团队更有用。这个准则之所以重要，有几个原因：

1. **以前已经做过大量出色的工作。**组织内有团队可以利用的各种资产。有时我们会发现，我们需要首先演进现有的资产，使其满足我们的需求，事实证明这往往比从头开始构建更快、更省钱。

2. **我们身边有很多出色的工作在持续进行。**我们的组织是一个由半自主、自组织的团队组成的网络。我们可以与这些团队合作，向他们学习，积极主动地与他们合作，从而加速价值的实现。企业架构团队能为我们指出正确的方向，而我们可以帮助他们了解他们的策略在实践应用中的效果。斯蒂芬·丹宁强调，组织的业务运营方面，如供应商管理、财务和人员管理，需要为执行组织价值流的团队提供支持[Denning]。要让客户满意，我们就必须以企业意识的方式一起工作和学习。

3. **我们可以减少总体技术债务。**令人遗憾的现状是，正如我们前面所讨论的那样，许多组织在巨大的技术债务负荷下挣扎。通过选择重复使用现有的资产，并投入资源偿还其中一些技术债务，我们就会慢慢走出所处的技术债务陷阱。

4. **我们可以更快地提供更大的价值。**提高重复使用率使我们能够专注于实施新的功能来取悦客户，而不仅仅是重新发明已经提供给客户的东西。通过偿还技术债务，我们提高了基础架构的质量，使我们能够随着时间的推移而更快地提供新功能。

5. **我们能够支持他人。**正如我们的团队与其他团队合作并向他们学习一样，其他团队也与我们合作并向我们学习。在组织层面上，我们可以通过建立卓越中心（CoE）和实践社区（CoP）来加强这一点，以便在整个组织内捕捉和分享学习成果[CoE; CoP]。

## 其他效果良好的理念

以下是我们在实践中看到的对规范敏捷实践者很有效的几个理念：

1. **如果难，就多做。**你认为系统集成测试（SIT）很难？与其像传统主义者那样把它推到生命周期的末尾，不如设法每一个迭代都做测试。然后设法每天做测试。多做困难的事情会迫使我们设法（通常是通过自动化）把事情变得容易一些。

2. **如果怕，就多做**。我们怕演进某段代码？我们怕收到利益相关者的反馈，因为担心他们会改变想法？那就多做几次，并找到克服恐惧的方法。设法避免负面结果，或者化负面为正面。修复那段代码。让演进解决方案变得轻松。帮助那些利益相关者理解其所做决定的影响。

3. **不停地问为什么**。要真正了解某件事，就需要问为什么它会发生，为什么这样子会有效果，或者为什么这件事对其他人很重要。然后再问为什么，反复问。丰田把这种做法称为五个为什么分析[Liker]，但不要把五当作一成不变的数字。我们要不断地问为什么，直至找到根源。

4. **每天学习一些东西**。规范敏捷实践者每天都会努力学习一些东西。或许是关于技术或者工具的知识。或许是新的实践，或者是一个新的实践方式。我们面前有很多学习机会。抓住机会。

## 小结

如何总结规范敏捷思维模式呢？西蒙·鲍尔将这种思维模式归纳成三个核心信念[Powers]。这些信念是：

1. **复杂性信念**。我们面临的许多问题都是复杂的自适应问题，也就是说，通过尝试解决这些问题，我们改变了问题本身的性质。

2. **人本信念**。个人既独立于所在团队和组织，又依赖于所在团队和组织。人类相互依存。如果有合适的环境（安全、尊重、多元和包容）和激励性的目的，就有可能产生信任和自组织。为此，有必要以无条件的正面态度对待每个人。

3. **主动信念**。主动性体现在对改进的不懈追求中。

我们发现这些信念令人信服。这些信念在许多方面总结了藏在选择工作方式背后的基本动机。我们面临独特的环境，因此需要定制我们的工作方式。在此过程中，我们改变了自身所处的情境，而这也要求我们学习和演进我们的工作方式。人本信念促使我们找到一种能使我们有效安全合作的工作方式，而主动信念则反映了我们应该不断学习和改进这一理念。

## 思维模式只是开始

规范敏捷思维模式提供了使组织变敏捷的坚实基础，但也只是基础而已。我们担心的是，有太多没有经验的教练在简化敏捷，因此，我们希望把重点放在本章所概述的概念上。这是一个良好的开始，但还不足以让我们付诸实践。光是"变敏捷"还不够，我们还需要知道如何"做敏捷"。有人想以协作且尊重他人的方式工作，这很好，但如果他们实际上不知道如何去做，就不会有什么成果。开发软件和交付解决方案（更为重要）是很复杂的，我们需要知道我们在做什么。

# 第三章

# 规范敏捷交付（DAD）简述

**纪律，就是即使不愿意，也要做你知道需要去做的事情。**——佚名

## 本章要点

- DAD是规范敏捷（DA）工具箱的交付部分，而不只是又一种方法论。
- 如果你在使用Scrum、XP或看板，那么你已经在使用DAD的一个子集的变体。
- DAD提供六个生命周期供你选择；它没有规定单一的工作方式——选择是好事。
- DAD处理的是关键的企业关切问题。
- DAD做了过程提升工作，因而你不必去做。
- DAD展示敏捷开发从开始到结束的运作方式。
- DAD提供战术性规模化主流方法所依赖的灵活基础。
- DAD起步容易。
- 你可以从你现有的工作方式（WoW）开始，然后应用DAD来逐步改善它。
  你不需要做出有风险的"大爆炸"式改变。

许多组织通过采用Scrum开始了敏捷之旅，这是因为Scrum描述了一种领导敏捷软件团队的好策略。但是，在向利益相关者交付复杂的解决方案时，Scrum只是必要条件中的很小一部分。不可避免的是，团队需要寻求其他方法来填补Scrum故意忽略的过程空白，而Scrum对此也非常明确。在研究其他方法时，有相当多重叠而又相互矛盾的术语，可能会让实践者以及外部利益相关者感到困惑。更糟糕的是，人们并不总是知道该去哪里寻求建议，甚至不清楚需要考虑哪些问题。

为了应对这些挑战，规范敏捷交付（DAD）就敏捷解决方案的交付提供了一种更有凝聚性的方法。在IT解决方案方面，DAD是一种以人为本、以学习为导向的混合型敏捷交付方法。这些是DAD的关键方面。

1. **以人为本**。人，以及我们一起工作的方式，是解决方案交付团队取得成功的主要决定因素。DAD支持角色、权利和责任的稳健组合，你可以根据自己的情境来调整。
2. **混合型**。DAD是一个混合工具箱，将Scrum、SAFe、Spotify、敏捷建模（AM）、极限编程（XP）、统一过程（UP）、看板、精益软件开发和若干其他方法的出色想法置于环境之中。
3. **全面交付的生命周期**。DAD涉及全面交付的生命周期，从团队启动一直到向终端用户交付解决方案。
4. **支持多个生命周期**。DAD支持敏捷、精益、持续交付、探索性和大型团队版的生命周期。DAD不规定单一的生命周期，这是因为它认识到一种过程方法并不能适用于所有的情境。第六章较详细地探讨了生命周期、提供建议，告诉你如何选择起步时所用的正确生命周期，然后随着时间的推移，从一个生命周期演进到另一个生命周期。
5. **完整**。DAD展示了开发、建模、架构、管理、需求/结果、文档、治理和其他策略如何整合为一个精简的整体。DAD做的是在其他方法中留给你来决定的"过程提升"。
6. **对环境敏感**。DAD提倡我们所说的目标驱动方法或结果驱动方法。在此过程中，DAD提供关于可行替代方案及其权衡的环境化建议，使你能够定制DAD，从而有效地应对所处的情境。DAD描述了什么有效，什么无效，更重要的是还描述了其中的原因，因此可以帮助你有更多机会采用对你有效的策略，并以精简的方式做到这一点。记住这条DA原则：环境很重要。
7. **可消费解决方案胜于可用的软件**。潜在可交付软件是一个好的开始，但我们真正需要的是能够取悦客户的可消费解决方案。
8. **自组织和妥善治理**。敏捷和精益团队是自组织的，这意味着做工作的人就是规划和估算工作的人。但这并不意味着他们可以为所欲为。他们仍然必须以企业意识的方式工作，反映其组织的优先事项，为此，他们需要接受高层领导的适当治理。"治理团队"过程目标描述了做到这一点的选项。

本章提供有关DAD的简短概述，本书后面的章节会有详细阐述。

# DAD有什么新特点?

对于现有的DAD实践者来说，与《规范敏捷交付：企业中敏捷软件交付的实践者指南》
（*Disciplined Agile Delivery: A Practitioner's Guide to Agile Software Delivery in the Enterprise*）
[AmblerLines2012]相比，本书有几个令人振奋的改动。根据在全球几十个组织的工作，
尤其是根据从无数实践者那里收到的意见，我们做出了这些改动。这些改动是：

1. **重构过程目标。**过去几年，我们更改一些目标的叫法，引入了一个新的目标，并将两对目
   标合并。我们相信这样的改动能使目标更加易懂。
2. **更新每个目标。**过去几年我们学到了很多东西，出现了很多很好的办法，并且我们在新的
   情境下应用了老办法。我们一直在PMI.org/disciplined-agile官网上和课件中发布目标更新
   内容，但把所有的更新内容收录付印，这还是第一次。
3. **以可视化的方式收录所有目标。**这是收录DAD所有目标图的第一本书。我们在本书2012年
   初版上市后引入了目标图。
4. **新增和更新生命周期。**我们明确引入了"项目集"生命周期（以前曾用团队结构来描述）
   和"探索性"生命周期。我们还引入了以前称为"持续交付"生命周期的敏捷版和精益版。
5. **在实践中应用工具箱的建议。**在本书中，你会看到一个很大的不同之处：针对如何使DA在
   实践中落地，增加了很多建议。这些建议反映了多年来与世界各地的组织合作期间采用规
   范敏捷策略的经验。

## 以人为本：角色、权利和责任

图3.1显示人们在DAD团队中可能会担负的角色，第四章会详细描述这些角色。这些角色分为两类：一类是对任何敏捷团队的成功都至关重要的主要角色，另一类是根据需要出现的支持角色。

**图3.1 DAD团队中的潜在角色。**

主要角色包括：

- **团队负责人**。此人领导团队，帮助团队获得成功。这个人可以是资深的Scrum主管、项目经理或职能经理。
- **产品负责人（PO）**。产品负责人负责与利益相关者合作，确定有待完成的工作，确定工作的优先次序，帮助团队理解利益相关者的需求，并帮助团队与利益相关者进行有效互动[ScrumGuide]。
- **架构负责人（AO）**。架构负责人指导团队进行架构和设计的决策，在此过程中与团队负责人和产品负责人紧密合作[AgileModeling]。
- **团队成员**。团队成员一起工作以产生解决方案。理想情况下，团队成员都是复合型专家，或者正在努力成为复合型专家，通常被称为交叉技能型人才。复合型专家是指这个人掌握一个或多个专业（如测试、分析、编程等），并对解决方案的交付和自己从事的领域有广泛的知识[GenSpec]。
- **利益相关者**。利益相关者是指会受到团队工作影响的人，包括但不限于终端用户、支持工程师、运营人员、财务人员、审计人员、企业架构师和高层领导。有些敏捷方法称这个角色为客户。

支持角色有：

- **单一型专家**。尽管大多数团队成员会是复合型专家，或至少正在努力成为复合型专家，但我们有时也会在需要时在团队中安排专家。用户体验专家（UX）和安全专家是一些专业人士，在有重要的用户界面（UI）开发或安全问题需要处理时，他们可能会分别出现在团队中。有时需要商业分析师来支持产品负责人处理复杂的领域或与分布于各地的利益相关者打交道。此外，DA工具箱其他部分的角色，如企业架构师、项目组合经理、重复利用工程师、运营工程师等，从DAD的角度来看，也被视为专家。
- **第三方测试人员**。尽管大部分的测试，如果不是全部的话，应该由团队来完成，但在规模大时可能需要一个第三方测试团队。需要第三方测试人员的常见场景包括：监管合规要求一些测试在团队之外（第三方）进行，以及致力于复杂解决方案的大型项目集（团队的团队）遇到重大的集成挑战时。

- **领域专家**。领域专家，有时称为主题专家（SME），是在给定领域或问题空间具有深厚知识的人。他们经常与团队或产品负责人合作，分享知识和经验。
- **技术专家**。技术专家具有深厚的技术专长，与团队短时间共事，帮助团队克服特定的技术挑战。例如，运营数据库管理员（DBA）可以与团队共事，帮助团队建立、配置和学习数据库的基础知识。
- **集成人员**。又称系统集成人员，通常会支持那些需要对复杂的解决方案或解决方案集合进行系统集成测试（SIT）的第三方测试人员。

敏捷团队中的每个人都有权利和责任。无一例外。例如，每个人都有受到尊重的权利，但他们也有尊重别人的责任。此外，敏捷团队中的每个角色都有其必须履行的特定额外责任。权利和责任另见第四章详述。

## 出色想法的混合体

我们喜欢说，DAD来做了过程提升工作，所以你不用再去做了。这话的意思是，我们挖掘了各种方法、框架和其他资源，以确定你的团队可能想要试验和采用的潜在实践和策略。我们把这些办法置于环境之中，探索一些基本概念，如某个办法的优点和缺点是什么，你什么时候会用这个办法，什么时候不会用，以及在多大程度上会用？在团队选择其工作方式（WoW）时，这些问题的答案至关重要。

图3.2显示了我们已经挖掘出来可以当作办法的一些方法论和框架。例如，XP是以下技术实践的来源：测试驱动开发（TDD）、重构和结对编程等，仅举几例。Scrum是以下技术实践的来源：产品待办事项列表、冲刺/迭代计划、日常协调会议等。敏捷建模为我们提供了模型震荡、初始架构设想、持续记录和利益相关者的积极参与。这些方法详细地介绍了每一项技术，而DAD的重点和DA总体上的重点是将其置于环境之中，帮助你在正确的时间选择正确的策略。

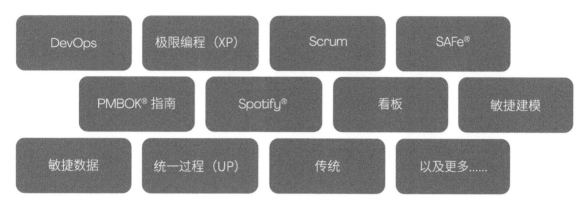

规范敏捷（Disciplined Agile®，DA™）

**图3.2 DAD是出色想法的不可知论混合体。**

## 选择是好事：过程目标

如图3.3所示，DAD包括24个过程目标（或者说过程结果）的集合。每个目标都被描述为决策点的集合，即你的团队需要确定哪些问题需要处理，以及如何处理。针对决策点的潜在实践/策略，在许多情况下可以结合起来，列成清单。目标图（例如图3.4所示）的概念类似于思维导图，但在某些情况下，箭头的延伸表示选项的相对有效性。目标图实际上是指南，帮助团队选择以其技能、文化和情境能够立刻执行的最佳策略。第五章探讨了DAD的目标驱动方法，规范敏捷浏览器[DABrowser]则提供支持细节。

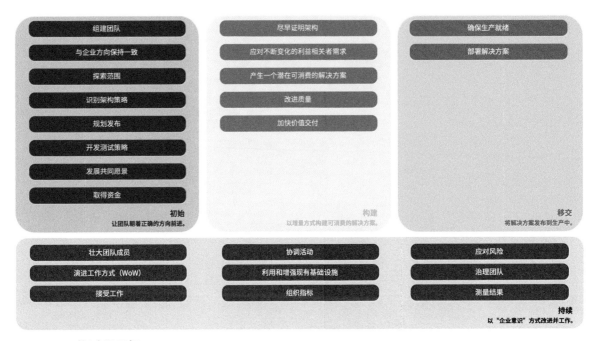

**图3.3 DAD的过程目标。**

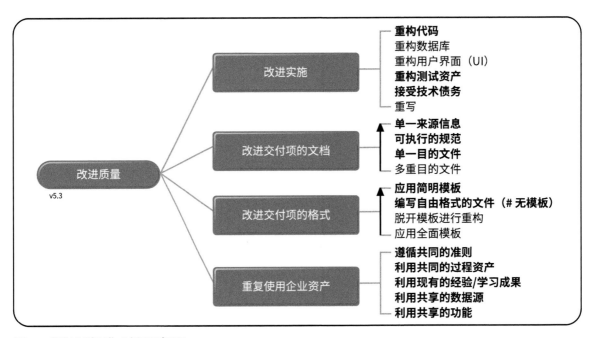

**图3.4 "改进质量"过程目标图。**

## 选择是好事：多个生命周期的支持

生命周期为团队在构建解决方案时所执行的活动排出顺序。实际上，他们编排好了为完成工作所应用的办法。由于解决方案交付团队会处于一系列不同的情境之下，所以需要选择一个最适合他们所处环境的生命周期。你可以在图3.5中看到，DAD支持六个生命周期：

1. **敏捷**。这是一个基于Scrum的生命周期，适用于解决方案交付项目。
2. **精益**。这是一个基于看板的生命周期，适用于解决方案交付项目。
3. **持续交付：敏捷**。这是一个基于Scrum的生命周期，适用于长期存在的团队。
4. **持续交付：精益**。这是一个基于看板的生命周期，适用于长期存在的团队。
5. **探索性**。这是一个基于精益创业的生命周期，适用于对潜在客户进行试验，发现其真正想要什么。这个生命周期支持一种设计思维方法，如第二章所述。
6. **项目集**。这是一个适合敏捷或精益团队的生命周期。

第六章详细描述了DAD的六个生命周期，以及传统的生命周期，并对何时选择每个生命周期提供了建议。

**图3.5 DAD支持六个生命周期。**

## 可消费解决方案胜于可用的软件

《敏捷宣言》建议我们基于"可用的软件"来衡量进度。但是，如果客户不愿意使用它呢？如果他们不喜欢使用它呢？从设计思维的角度来看，很明显，"可用"是不够的，而是需要交付能卖得出去的东西：

- **它是可用的。**我们生产的东西必须能发挥功能，并提供利益相关者所期望的结果。
- **它是好用的。**我们的解决方案应该运行良好，具有设计合理的用户体验（UX）。
- **它是想用的。**人们应该愿意使用我们的解决方案，最好是觉得有必要使用它，并且酌情为它付钱给我们。正如"规范敏捷"的第一条原则所建议的，我们的解决方案应该取悦客户，而不仅仅是令他们满意。

此外，我们生产的不只是软件，而是一个完整的解决方案，可能包括以下各方面的改进：

- **软件。**软件是整体解决方案的一个重要部分，但也只是一个部分。
- **硬件。**我们的解决方案在硬件上运行，而有时我们需要演进或改进这些硬件。
- **业务过程。**对于我们所产生的系统，我们经常围绕其使用来改进业务过程。
- **组织结构。**有时，我们系统的终端用户的组织结构会演进，以反映其支持的功能出现的变化。
- **支持文档。**可交付的文档，比如技术概述和用户手册/帮助，往往是我们解决方案的一个关键方面。

## DAD术语

表3.1将常见的DAD术语与其他方法中的对等术语对应起来。关于这些术语，我们有若干重要的看法想在此谈谈：

1. **敏捷术语并无行业标准。**目前没有针对敏捷的ISO行业标准，即使有，也很可能被敏捷实践者所忽略。
2. **说得客气一点，Scrum的术语是有问题的。**二十世纪九十年代最初开发Scrum时，其创始人特意选择不寻常的术语，有些是借用了英式橄榄球比赛的术语，目的是向人们彰显其不同。这完全没问题，但鉴于DA是一个混合体，我们不能给它设限，只能运用主观设定的术语。
3. **术语很重要。**我们认为术语应该是明确清晰的。你需要解释什么是Scrum会议，它不是一个项目状态会议，而一提协调会议是什么，就会很清楚。没有人会在马拉松上冲刺。

4. **按自己的意愿选择术语**。说了这么多，但是DAD并没有规定术语，所以如果你想使用冲刺、Scrum会议或Scrum主管等术语，请随意。

5. **有些映射关系稍显牵强**。需要指出的一个重要问题是，这些术语的对应并不完美。例如，我们知道教练、Scrum主管和项目经理之间是有差异的，但这些差异与此处讨论无关。

表 3.1：敏捷界某些不同术语的对应

| DAD | Scrum | Spotify | XP | SAFe® | 传统 |
|---|---|---|---|---|---|
| 架构负责人 | - | - | 教练 | 解决方案架构师 | 解决方案架构师 |
| 协调会议 | 每日站会 | 例会 | - | 每日站会 | 现况会议 |
| 领域专家 | - | 客户 | 客户 | 产品负责人 | 主题专家(SME) |
| 迭代 | 冲刺 | 冲刺 | 迭代 | 迭代 | 时间盒 |
| 产品负责人 | 产品负责人 | 产品负责人 | 客户代表 | 产品负责人 | 变更控制委员会（CCB） |
| 利益相关者 | - | 客户 | 客户 | 客户 | 利益相关者 |
| 团队 | 团队 | 小队、部落 | 团队 | 团队 | 团队 |
| 团队负责人 | Scrum主管 | 敏捷教练 | 教练 | Scrum主管 | 项目经理 |

## 环境很重要：DAD为战术性规模化敏捷提供基础

规范敏捷（DA）区分两类"大规模敏捷"：

1. **战术性规模化敏捷**。这是在各个DAD团队中应用敏捷和精益策略。目标是深入应用敏捷，恰如其分地应对所有复杂问题，即我们所说的规模化因素。

2. **战略性规模化敏捷**。这是在整个组织广泛运用敏捷和精益策略。这包括组织内的所有部门和团队，而不仅仅是软件开发团队。

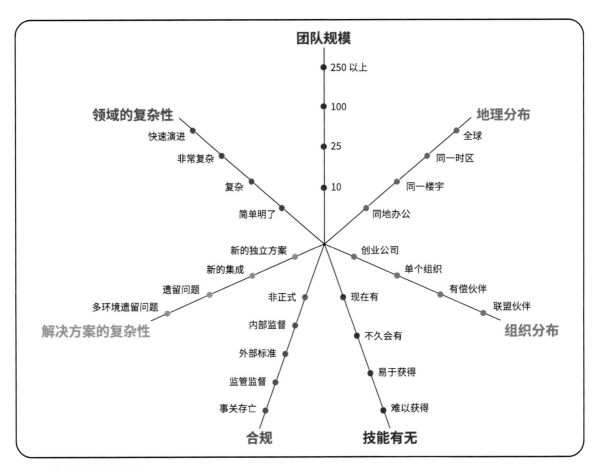

**图3.6 战术性规模因素。**

让我们来看看战术性规模化敏捷解决方案交付意味着什么。许多人听到"规模化"一词时，往往会想到以某种方式分布于各地的大型团队。这种情况当然是有的，而且人们在这类情境下应用敏捷也逐渐取得成功，但规模化的意义往往不止于此。组织也在合规情境下应用敏捷，要么是强加给组织的监管合规，如《健康保险可携性和责任法》（HIPAA）、《个人信息保护和电子文件法》（PIPEDA）或《通用数据保护条例》（GDPR），要么是自己选择的合规，如能力成熟度模型集成（CMMI）[CMMI]、国际标准化组织（ISO）和信息技术基础设施库（ITIL）。组织也正在将敏捷应用于一系列领域和技术的复杂问题，甚至在涉及多个组织的情况下（如外包）。图3.6总结了在定制敏捷策略时需要考虑的潜在战术性规模因素。这些规模因素是第二章的"情境环境框架"（SCF）中所述因素的一个子集[SCF]。你在每个量度上所处的位置越靠外，你所面临的风险就越大。

DAD在几个方面为战术性规模化敏捷提供坚实的基础：

- DAD提倡风险-价值生命周期。根据这个周期，团队在早期攻克风险较高的工作，帮助消除部分或全部风险，从而增加成功的机会。有些人喜欢把这说成是"快速失败"的一个方面，不过我们喜欢把这说成是快速学习，更确切的说法是早期成功。
- DAD提倡自组织，并以有效的治理加以强化。这是基于这一观察：敏捷团队是在一个更大组织生态系统的范围和制约因素下工作。因此，DAD建议你采取有效的治理策略，指导并赋能敏捷团队。
- DAD提倡交付可消费解决方案，而不仅仅是构建可用的软件。
- DAD提倡企业意识而不是团队意识（这是DA的基本原则，见第二章讨论）。这句话的意思是，团队应该做那些对组织有利的事情——按照共同的愿景工作，充分利用现有的遗留系统和数据源，并遵循共同的准则——而不是只做对自己来说方便或有趣的事情。
- DAD具有环境敏感性和目标驱动性，而不是规定性（选择是好事是DA的另一个原则）。一种过程方法并非适合所有情境，因此DAD团队有选择和演进其工作方式（WoW）的自主权。

## DAD起步容易

我们已经看到在让员工、团队和组织开始采用DAD时所运用的若干策略，在此分享如下：

1. **阅读本书**。个人入门的一个好方法是阅读本书。
2. **参加培训**。即使读完本书，你仍有可能受益于培训，因为培训会有助于完善你的知识。在某个时点，我们希望你选择获取规范敏捷认证。
3. **从一个规定的方法/框架开始，然后破除"方法牢笼"**。团队可以选择从现有的方法开始，比如Scrum或SAFe，然后应用本书描述的策略，从这里开始演进自己的工作方式（WoW）。
4. **从DAD开始**。我们认为从DAD开始比较容易，这样可以避免落入规定性方法的限制。
5. **与有经验的敏捷教练合作**。我们强烈建议你请一位规范敏捷教练（DAC）™来帮助指导你应用DA工具箱。

组织采用规范敏捷需要时间。可能需要几年时间你才会决定在组织的所有方面支持敏捷工作方式（WoW）。诸如此类的敏捷转型，并演变成组织层面的持续改进工作，是我们《规范敏捷高管指南》（*An Executive's Guide to Disciplined Agile*）一书第七章和第八章的主题[AmblerLines2017]。

## 小结

规范敏捷交付（DAD）提供了一种务实的方法来应对解决方案交付团队所面临的独特情境。DAD明确应对企业敏捷团队所面临的问题，而许多敏捷方法论却宁可掩盖这些问题。这包括如何以精简的方式成功启动敏捷团队，如何将架构融入敏捷生命周期，如何有效应对文档问题，如何应对企业环境中的质量问题，如何应用敏捷分析技术来应对利益相关者的大量关切，如何治理敏捷和精益团队，以及许多其他较为关键的问题。

在本章中，你学习了以下内容：

- DAD是规范敏捷（DA）的交付部分。
- 如果你在使用Scrum、XP或看板，那么你已经在使用DAD的一个子集的变体。
- 你可以从你现有的工作方式（WoW）开始，然后应用DAD来逐步改善它。你不需要做出有风险的"大爆炸"式改变。
- DAD提供六个生命周期供你选择；它没有规定单一的方法，为你的工作方式（WoW）提供坚实的选择基础。
- DAD处理的是关键的企业关切问题，并展示如何以环境敏感的方式进行。
- DAD做了过程提升工作，因而你不必去做。
- DAD展示敏捷开发从开始到结束的运作方式。
- DAD提供战术性规模化主流方法所依赖的灵活基础。
- DAD起步容易，有多种途径。

# 第四章

# 角色、权利和责任

**单枪匹马，杯水车薪；同心一致，其力断金。** ——海伦·凯勒

## 本章要点

- DAD提出有五个主要角色：团队负责人、产品负责人、团队成员、架构负责人和利益相关者。
- 架构负责人是团队的技术领导者，代表组织的架构利益。
- DAD的利益相关者角色认识到，我们需要取悦所有利益相关者，而不仅仅是我们的客户。
- 在许多情境下，团队会酌情地根据需要依靠支持角色：单一型专家、领域专家、技术专家、第三方测试人员或集成人员。
- 就像其他所有事情一样，DAD角色是一个建议的起点。你可能有正当的理由在所在组织定制这些角色。

本章探讨规范敏捷交付（DAD）团队参与者的潜在权利和责任，以及他们可能选择担负的角色[DADRoles]。我们说潜在，是因为你可能会发现，你需要调整这些想法，以适应所在组织的文化环境。不过，我们的经验是，你偏离下面的建议越远，你将承担的风险就越大。一如既往地，在所处情境下竭尽所能，并随着时间推移而努力改进。让我们从一般的权利和责任开始谈起。

## 权利和责任

走向敏捷需要在组织内部进行文化变革，而且所有文化都有或明确或隐含的规则，以便每个人都明白自己的预期行为是怎样的。定义预期行为的一种方式是协商人们的权利和责任。有意思的是，在这个话题上有很多非常好的思考是在极限编程（XP）方法中完成的，而且我们已经为规范敏捷（DA）演进了这些想法[RightsResponsibilities]。下面列出的潜在权利和责任旨在作为团队的一个潜在起点。

敏捷团队的成员有以下权利：

- 受到尊重。
- 在"安全的环境"中工作。
- 根据商定的标准，产生和收到高质量的工作。
- 选择和演进我们的工作方式（WoW）。
- 自组织和规划我们的工作，报名承担我们将要从事的工作。
- 以主人翁态度完成估算过程——做工作的人就是估算工作的人。
- 决定团队如何一起工作——做工作的人就是规划工作的人。
- 及时地收到可靠的信息和决定。

用《蜘蛛侠》中的角色班叔的话说：能力越大，责任越大。敏捷团队的成员有如下责任：

- 优化我们的工作方式（WoW）。
- 愿意在团队内进行广泛的合作。
- 分享所有信息，包括"过程中的工作"。
- 指导他人学习我们的技能和经验。
- 拓展专业以外的知识和技能。
- 尽早验证我们的工作，与他人合作进行验证。
- 亲身、现场参加协调会议，当然，异地团队可以通过其他方式参加。
- 主动设法改进团队绩效。
- 遵循敏捷生命周期的团队（见第六章），避免未经团队同意而接受当前迭代之外的工作。
- 让所有工作始终可见，通常是通过任务板，因而当前的团队工作和产能都是透明的。

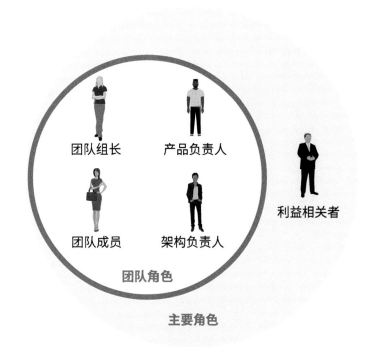

**图4.1 潜在的DAD角色。**

## 潜在的角色

DAD提供了一组"开箱即用"的五个主要角色,其中三个与Scrum的角色类似。如图4.1所示,DAD有一个团队负责人(比如高级Scrum主管或项目经理)、产品负责人和团队成员。DAD增加了利益相关者(客户的延伸)和一个我们认为在企业环境中非常有价值的角色,即架构负责人。理想情况是有"整个团队",团队具备完成工作所需的所有技能。不过,虽然不是很理想,但在并非无关紧要的情境下,需要团队外部的技能是很常见的。因此,DAD包括一组支持角色,可以根据需要加入团队。

首先,让我们探讨一下主要角色。

## 利益相关者

利益相关者是指受到解决方案结果实质性影响的人。在这方面，利益相关者显然不只是终端用户或客户。利益相关者可以是：

- 直接用户；
- 间接用户；
- 用户的管理者；
- 高级领导；
- 运营人员；
- 资助团队的"金主"；
- 支持（服务台）人员；
- 审计人员；
- 项目集/项目组合的经理；
- 与我们的解决方案集成或交互的其他解决方案的开发人员；
- 受基于软件的解决方案的开发和/或部署之潜在影响的维护专业人员；或者
- 许多其他角色。

## 产品负责人

产品负责人（PO）是团队中作为"利益相关者的发言人"发声的人[ScrumGuide]。正如你在图4.2中看到的，他们代表利益相关者群体对敏捷交付团队的需求和愿望。因此，产品负责人就利益相关者对解决方案的愿望或需求澄清细节，并负责对团队为交付解决方案所执行的工作进行优先级排序。虽然产品负责人可能无法回答所有问题，但他们有责任及时追查到答案，以便团队能够继续专注于自己的任务。

每个DAD团队，或大型项目集按照团队的团队形式组织的子团队，都有一个产品负责人。产品负责人的一个次要目标是向利益相关者群体介绍敏捷团队的工作。这包括在解决方案演进过程中安排演示，并向关键利益相关者沟通团队的状况。

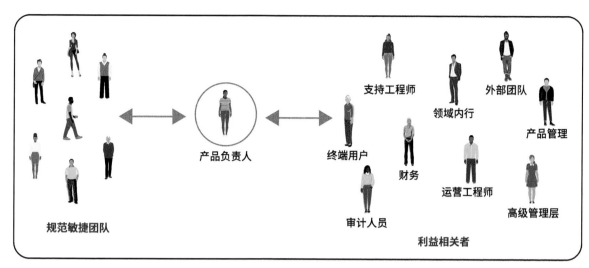

**图4.2 产品负责人作为团队和利益相关者之间的桥梁。**

作为利益相关者的代理人，产品负责人：

- 是获取领域信息的"首选"人员；
- 及时提供信息并做出决定；
- 为团队排出所有工作的优先级次序，包括但不限于需求（可能是作为用户故事收录）、有待修复的缺陷、有待偿还的技术债务等等（产品负责人在此过程中会同时考虑到利益相关者和团队的需求）；
- 根据利益相关者不断演进的需求，不断调整优先级次序和范围。
- 是建模和验收测试的主动参与者；
- 帮助团队取得与专家利益相关者的联系；
- 验收团队已完成或未完成的工作；
- 主持需求建模会议，包括需求设想和前瞻建模；
- 对团队进行业务领域的教育；以及
- 是获取资金的入口。

在代表敏捷团队与利益相关者群体沟通时，产品负责人：

- 是团队向利益相关者呈现的公众形象；
- 向关键利益相关者展示解决方案，这可包括指导团队成员进行演示；
- 宣布软件发布；
- 监督并向感兴趣的利益相关者传达团队状况，这可包括向利益相关者讲解如何访问和看懂团队的自动仪表盘；
- 组织里程碑审查，这种审查应该尽量简单（在"治理团队"过程目标中涉及）；
- 向利益相关者介绍交付团队的工作方式（WoW）；以及
- 协商优先次序、范围、资金和进度计划。

值得注意的是，产品负责人往往是一份全职工作，在复杂的领域甚至可能需要大量的帮助。我们在刚采用敏捷的组织中看到的一个常见挑战是，他们试图让员工兼职担任这个角色，基本上是把产品负责人的角色套在一个已经很忙的人身上。

## 团队成员

团队成员专注于为利益相关者产生解决方案。团队成员将执行测试、分析、架构、设计、编程、规划、估算以及酌情而定的许多其他活动。请注意，不是每个团队成员都具备其中的每一项技能，至少现在还没有，但他们会具备其中的一个子集，并会随着时间的推移努力获得更多的技能。理想的情况是，团队成员是复合型专家，即这个人掌握一个或多个专业（如分析、编程、测试等），对交付过程有一般的了解，至少对他们所从事的领域有一般的了解，并愿意从别人那里获得新的技能和知识[GenSpec]。图4.3比较了四类技能水平：严格专注于单一专业领域的单一型专家、拥有广博知识的复合型人才（他们通常善于组织和协调他人，但不具备完成工作所需的细致技能）、在许多专业领域拥有深厚知识和技能的全栈型专家以及介于复合型人才和单一型专家之间的复合型专家。

在实践中，要求人们成为复合型专家，一开始会让人望而生畏，尤其是对刚采用敏捷的人来说，因为这与管理单一型专家团队的传统方法大为不同。传统方法之所以有问题，是因为这种方法如果要奏效，需要花费大量的费用——单一型专家们做自己的工作，为下游的单一型

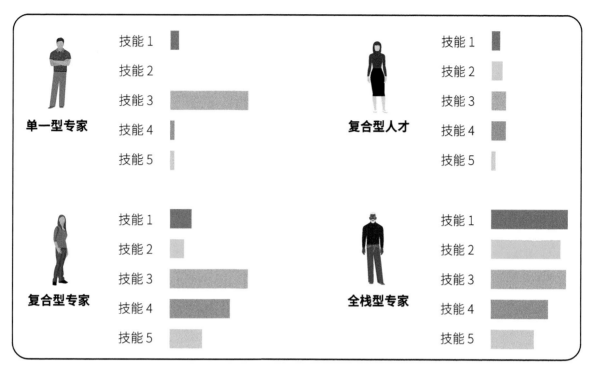

**图4.3 团队成员的技能水平。**

专家们提供某些东西。要推进工作，他们需要编写和维护文档，而这些文档往往包含了上游已经在此过程中记录的信息的新版本。简言之，单一型专家们通过临时工件、审查这些工件以及等待审查的时间，给过程注入了大量的浪费。另一方面，复合型专家有更广泛的技能，因而能够更有效地与他人合作，做更广泛的工作，从而避免创建临时工件。他们工作得更巧妙，而不是更辛苦。

这样做的挑战在于，如果你刚采用敏捷，那么你的员工很可能要么是复合型人才，要么是单一型专家，但很少有复合型专家。这意味着，如果你目前拥有的人员要么是单一型专家，要么是复合型人才，你就用这些人组成你的团队。因为你想提高团队的生产力，所以你通过非单打独斗型的工作手段，如结对编程、mob编程以及与他人一起建模（在"发展团队成员"过程目标中涉及），帮助你的团队成员成为复合型专家。这样做，过几个月，单一型专家就会掌握更多的技能，并因此成为更卓越的复合型专家。

除了前面阐述的一般权利和责任外，团队成员还有若干额外的责任。他们将：

- **自组织。** 团队成员将确定任务，估算任务，报名承担任务，执行任务，并跟踪其完成进度。
- **向产品负责人（PO）了解领域信息和决定。** 尽管团队成员会向产品负责人提供输入，但最终会由产品负责人（而不是团队成员）来负责提供需求，并确定工作的优先级次序。这需要团队成员严格遵守这一点，不增加新的功能（称为"范围蔓延"），也不要猜测细节。
- **与架构负责人（AO）合作来演进架构。** 架构负责人负责指导团队进行架构和设计工作。团队成员将与架构负责人紧密配合协作，确定和演进架构策略。当团队无法就方向达成一致时，架构负责人可能需要成为打破僵局的人，并选出自己认为最好的选项，团队成员应该支持这个选项。这方面内容见下文详述。
- **遵循企业惯例，利用并强化现有的基础设施。** DA的原则之一（见第二章）是要有企业意识。这意味着DAD团队成员将酌情采用（并按照纪律来定制）任何企业/公司的编码标准、用户界面设计惯例、数据库准则等等。他们还应该尝试重复使用和强化现有的、可重复使用的资产，如常见的网络服务、框架，甚至是现有的遗留数据源。DAD包括"利用和强化现有基础设施"过程目标，用来具体处理这一策略。
- **领导会议。** 虽然其他敏捷方法会把这个责任分配给团队负责人，但事实上，团队中的任何人都可以领导或主持会议。团队负责人仅仅负责确保会议的召开。

## 为什么不把团队负责人称为Scrum主管？

由于DA支持多种生命周期方法，你所在的组织中不一定每个团队都使用Scrum。敏捷团队可能由资深的Scrum主管领导，项目团队由项目经理领导，精益软件团队由技术组长领导，销售团队由销售经理领导，等等。不同类型的团队会有不同类型的团队负责人。

## 团队负责人

自组织团队的一个重要方面是，团队负责人主持或指导团队进行技术管理活动，而不是自己担负这些责任。团队负责人是团队的仆人式领导，更准确地说是东道主式领导[Host]，创造并维持让团队取得成功的条件。这可能是一个很难填补的角色——态度是他们成功的关键。团队负责人通常是一个角色，而不是一个头衔。视团队的类型而定，对敏捷产品团队而言，团队负责人的职衔或许是高级Scrum主管；对简单的Scrum团队而言，或许是Scrum主管；对敏捷项目团队，或许是项目经理；对营销团队而言，或许是营销总监；对企业架构团队而言，或许是首席企业架构师，等等。不同类型的团队会有不同类型的团队负责人，而且很可能有不同的职衔。

在高绩效团队中，如果他们愿意，团队负责人的角色通常会在团队内轮流。在这些团队中，领导职责是共同分担的，将主持仪式的负担（和千篇一律）分散到几个人身上。

团队负责人也是敏捷教练，或者更准确地说是"初级敏捷教练"，原因是规范敏捷教练（DAC）™通常与数个完全不同的团队合作，而团队负责人则专注于指导其团队。作为教练，团队负责人帮助团队专注于交付工作项，并履行其对产品负责人提出的迭代目标和承诺。他们起到真正领导者的作用，主持沟通，授权他们选择自己的工作方式（WoW），确保团队拥有所需的资源，并及时消除团队遇到的任何障碍（解决问题）。当团队是自组织的时候，有效的领导对于其成功至关重要。

请注意，我们说团队负责人指导而不是负责或指定团队的工作方式（WoW）。在DA中，整个团队都要对他们的工作方式（WOW）负责，而不仅仅是团队领导层，或者更糟糕的是，团队以外的人。

团队负责人的领导责任可以归纳如下：

- 指导团队选择和演进其工作方式（WoW）；
- 主持所有角色和职能部门的密切协作；
- 确保团队完全发挥功能并有生产力；
- 在其愿景和目标的环境下保持团队专注；
- 负责消除团队层面的障碍，并负责与组织领导层协作，上报组织层面的障碍；
- 保护团队不受干扰和外部干预；
- 在每位相关人员之间保持开放诚实的沟通；
- 指导他人使用和应用敏捷实践；
- 在发现问题时，促使团队讨论并思考问题；
- 组织制定决策，但并不自己做决定，也不规定团队内部活动；以及
- 确保团队专注于产生潜在可消费的解决方案。

当团队负责人在带领一个项目团队或职能团队（如营销团队）时，可以要求团队负责人承担敏捷框架经常淡化的管理责任。团队负责人可能需要履行的可选责任以及这样做的相关挑战有：

- **评估团队成员**。评估或向人们提供反馈有数种策略可以应用，"发展团队成员"过程目标对此有描述。这样做通常是资源经理的责任，但有时担任这些角色的人没时间。当团队负责人负责评估其团队成员时，就使他们处于一个对其领导与合作对象有权威的位置。这又会显著改变团队成员与团队负责人的关系动态，减少他们与团队负责人共事时的心理安全感，因为他们不知道这样做会如何影响他们的评估结果。
- **管理团队预算**。虽然产品负责人通常是资金的入口，但可能需要有人来跟踪和报告资金的使用情况。如果产品负责人不这样做，那么团队负责人通常会负责做这项工作。
- **管理报告**。这能确保团队中有人（也许是他们自己）记录相关的团队指标，并向组织领导层报告团队的进展。顺利的话，这类报告是通过仪表盘技术自动完成的，但如果不是，团队负责人通常要负责手动生成任何必要的报告。"组织指标"和"测量结果"过程目标详细涉及指标。

- **获取资源**。团队负责人通常负责确保协作工具（如用于团队协调的任务板和用于建模的白板）可以提供给团队使用。
- **会议主持**。这确保了团队中有人（有时是他们自己）主持各种会议（协调会议、迭代计划会议、演示、建模会议和回顾会议）。

团队负责人的角色通常是兼职的，特别是在小团队中。这意味着，团队负责人要么需要具备团队成员所必备的技能，要么在某些情况下可能是架构负责人（下文将详细介绍）。不过，在一个刚采用敏捷的团队中，团队负责人所承担的指导职责对于成功采用敏捷至关重要。这也是刚开始采用敏捷的组织在概念上会有困难的地方，因为他们从来没有在员工的成长上做过类似的投入。

另一种方法是让某个人担任两三个团队的领导，不过，这要求各团队错开各自的仪式，如协调会议、演示和回顾会议，以便团队负责人能够参与。这对于那些在敏捷思维和办法方面有经验的团队来说是可行的，因为他们不需要那么多的指导。此外，随着团队的磨合和自组织能力的提高，不再那么需要有人担任团队负责人的角色，只要有人时不时地站出来担负团队负责人的责任就足够了。

## 架构负责人

架构负责人（AO）是指导团队完成架构和设计决策的人，主持整体解决方案设计的确定和演进[AgileModeling]。在小型团队中，担任团队负责人角色的人通常也会担任架构负责人的角色，前提是此人具备这两个角色所需的技能。尽管如此，我们的经验是，要找到一个合格的人担任其中任一角色就已经很难了，更别提兼任两个角色了。

尽管架构负责人通常是团队中的高级开发人员，有时可能称为技术架构师、软件架构师或解决方案架构师，但应该注意的是，这并不是一个有其他团队成员作为其下属的、高人一等的职位。他们应该像其他团队成员一样，报名承担并交付与任务相关的工作。架构负责人应该有技术背景和对业务领域的扎实理解。

架构负责人的职责包括：

- 指导团队正在进行的解决方案架构的创建和演进（注意，架构负责人并不是独自对架构负责，而是带领对架构和设计的讨论）；
- 辅导和指导其他团队成员的架构实践和问题；
- 了解所在组织的架构方向和标准，并帮助确保团队妥善遵守这些方向和标准；
- 与企业架构师（如果有的话）紧密合作，甚至他们本身可能就是企业架构师（请注意，对于企业架构师目前没有积极参与团队工作的大型组织来说，这可能是一个有趣的变化。对于较小的组织来说，这种情况是很常见的）；
- 与产品负责人紧密合作，帮助他们了解技术利益相关者的需求、技术债务的影响、投资偿还技术债务的必要性，以及在某些情况下，更有效地了解团队成员，并与他们互动；
- 了解现有的企业资产，如框架、模式和子系统，并确保团队酌情使用这些资产；
- 通过鼓励良好的设计和重构来尽可能减少技术债务（DAD "改进质量" 过程目标的重点），确保解决方案易于支持；
- 确保定期集成和测试解决方案，最好是通过持续集成（CI）策略；
- 对技术决策有最终决定权，但尽量避免就架构方向发号施令，而应采取基于团队的协作方法（架构负责人应与团队密切合作，识别并确定策略，缓解关键的技术风险，这一点由 DAD 的 "尽早证明架构" 过程目标体现）；以及
- 在发布之初，领导最初的架构设想工作，并支持最初的需求设想工作（特别是在理解和演进解决方案的非功能需求时）。

## 潜在的支持角色

我们希望能这样说，你只需要上述五个主要角色就能成功了。然而，实际情况是这些主要角色并没有涵盖整个范围，你的团队不太可能具备所需要的所有技术专长。你的产品负责人不可能拥有该领域所有方面的专业知识，即使你所在组织有解决方案交付各方面的全栈型专家，也不可能为每个团队配备所需的全部专长。你的团队可能需要增加以下部分或全部的角色：

1. **领域专家（主题专家）**。产品负责人代表广泛的利益相关者，而不仅仅是终端用户，所以期望产品负责人在该领域的所有方面都精通是不合情理的，在复杂的领域内尤其如此。产品负责人有时会邀请领域专家与团队一起工作（例如，请税务专家讲解需求的细节，或者由出资方高管讲解愿景）。

2. **单一型专家**。尽管大多数敏捷团队成员都是复合型专家，但有时，特别是大规模的敏捷团队，就需要单一型专家。例如，在大型团队或复杂领域中，一名或多名敏捷业务分析人员可能会加入团队，帮助探索你正在构建的需求。在很大的团队中，可能需要一名项目集经理来协调各个小队/子团队的团队负责人。在没有复合型专家的情况下，你也会在团队中看到一些单一型专家——当你所在组织刚采用敏捷时，可能会配备单一型专家，而这些专家尚未过渡到复合型专家。

3. **技术专家**。有时，团队需要技术专家的帮助，例如，由一名构建主管设置其构建脚本，一名敏捷数据库管理员帮助设计和测试其数据库，或者一名安全专家提供有关编写安全解决方案的建议。技术专家是根据需要临时请来的，帮助团队克服难题，并将其技能传授给团队中的一名或多名开发人员。技术专家通常在负责企业级技术关切问题的其他团队工作，或者只是从其他交付团队借调到你的团队的单一型专家。

4. **第三方测试人员。**虽然大部分测试是由DAD团队的人自己完成的，但有些团队得到一个第三方测试团队的支持。该测试团队将平行工作，在整个生命周期内验证他们的工作。通常在复杂领域内的规模化情境下、使用复杂的技术或处理监管合规问题时需要这种第三方测试团队。

5. **集成人员。**如果大型的DAD团队被分为子团队/小队，则子团队通常负责一个或多个子系统或功能。一般来说，整体团队越大，所构建的解决方案就越大、越复杂。在这类情境下，整个团队可能需要一人或多人担任集成人员的角色，负责从各个子系统中构建起整个解决方案。在较小的团队或较简单的情境下，架构负责人通常负责确保集成，而在较复杂的环境中这个责任由集成人员承担。集成人员通常与独立的测试团队（如果有）紧密合作，在整个发布过程中定期进行系统集成测试。通常只有在大型团队中，处理复杂的技术解决方案时才需要这种集成人员角色。

对于刚采用敏捷的组织来说，一个有意思的影响是，敏捷团队在生命周期中需要接触到担任这些支持角色的人可能早于传统团队所习惯的时间。而且，由于敏捷的演进特性，对接触时机的预测往往比传统开发要难。我们发现，担任这些支持角色的人需要有一定的灵活性。

## 三个领导角色

我们经常把团队负责人、产品负责人和架构负责人称为团队的领导层三巨头。正如你在图4.4中看到的，产品负责人专注于确保构建的产品正确，架构负责人专注于以正确的方式构建产品，而团队负责人则专注于快速构建产品。所有这三个优先事项必须通过担任这些角色的人密切协作来达到平衡。图4.4还显示了其中一个优先事项遭到忽视时会发生的情况。当团队刚采用敏捷时，中心点一开始可能是相当小的，但随着时间的推移，担任这三个领导角色的人，更重要的是整个团队本身，会帮助扩大中心点。

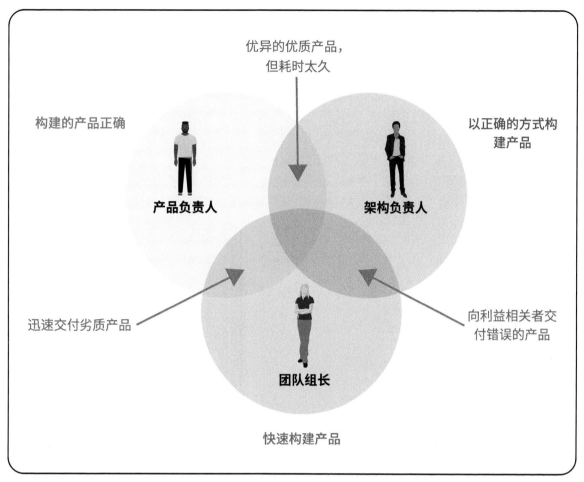

**图4.4 三个领导角色的视角。**

## 我们到底需不需要Scrum角色？

Scrum创立于二十世纪九十年代，那是一个不同的世界。那时，我们习惯于在各自的专业领域孤立工作，从文档中构建软件，并不真正懂得如何以及何时进行协作，因此需要一个Scrum主管来强行将团队成员聚集在一起，将他们团结在团队目标之下。如今，许多年轻的开发人员从未在一个孤立的环境中工作过。他们不需要团队内的专职角色来确保合作有效发生。同样，在团队和其他利益相关者之间，我们为什么需要一个正式的产品负责人？这种分离程度增加了沟通不畅的机会，限制了团队对其正在构建的解决方案的用户产生同理心的机会。在Scrum的早期，很难接触到利益相关者，于是设立了"强制性"的产品负责人这个角色。现在更普遍接受的做法是直接接触所有利益相关者，顺利的话，利益相关者还会积极参与。

在规范敏捷中，我们需要不断提醒团队，环境很重要，选择是好事。正如DA中的所有元素一样，我们概述的角色是"好主意"，对您可能有意义，也可能没有意义。在"组建团队"过程目标中，我们鼓励你考虑对你所在团队有意义的角色。如果你刚采用敏捷，而且变革所遇到的组织阻力很小，那么你或许可以采用经典的DAD角色。如果你的敏捷成熟度和能力都比较高阶，或者采用新的角色会有很大的破坏性，那么你可以相应地调整角色。

## 为所在组织定制DAD团队的角色

正如我们前面提到的，你可以用现有的人手组建团队。许多组织发现，他们无法给某些角色配备人员，或者一些DAD角色根本不适合现有的文化。因此，他们发现有必要定制这些角色以反映其所处的情境。定制角色可能导致最终失败，因为我们发现DAD角色在实践中非常好用，所以任何定制都可能增加团队面临的风险。表4.1列出了主要角色的定制选项，以及与此相关的风险。

**表 4.1 主要角色的潜在定制选项**

| 角色 | 定制选项和风险 |
|------|----------------|
| 架构负责人 | • **应用/解决方案架构师**。传统的架构师不像架构负责人那样协同工作，因此其愿景可能被团队误解或忽略。<br>• **没有架构负责人**。如果没有人担任架构负责人的角色，团队必须积极协作，自行确定架构策略。这往往会导致团队忽略架构方面的问题，并在生命周期的后期付出返工增多的代价。 |
| 产品负责人 | • **业务分析人员**。业务分析人员通常没有产品负责人那样的决策权，所以当团队需要快速做出决定时，他们会成为瓶颈。业务分析人员也往往倾向于生成需求文件，而不是与团队成员直接合作。<br>• **利益相关者积极参与**。团队成员直接与利益相关者合作，了解他们的需求并取得对他们工作的反馈。团队需要一种方法来确定一致的愿景并按该愿景来工作，否则他们有可能被拉向多个方向。 |
| 利益相关者 | • **人物角色**。虽然始终有利益相关者，但你可能没有机会接触到他们，或者更准确地说，没有机会接触到他们的全部。人物角色是虚构的，代表各类利益相关者。人物角色使团队能够用这些虚构的人说话，并探讨这些人将如何与解决方案互动。 |
| 团队负责人 | • **Scrum主管**。关于团队中的Scrum主管，我们的结果喜忧参半，主要是因为Certified ScrumMaster®（CSM）的称号只需要很少的努力就能取得。因此，我们建议你让一个合格的高级Scrum主管来担任这个角色，而不仅仅是一个拥有CSM头衔的人。<br>• **项目经理**。通过给员工分配工作，然后监督员工，项目经理会否定团队从自组织中获益的能力，并且非常有可能降低团队的心理安全感。尽管如此，相当比例的项目经理愿意并能够放弃指挥和控制策略，而采用领导方式。<br>• **没有团队负责人**。我们已经看到了真正自组织的团队，它们不需要团队负责人。长期合作的团队始终都有，人们根据需要选择处理通常由团队负责人负责的事项，就像其他各类工作一样。 |
| 团队成员 | • **单一型专家**。正如我们前面所说，如果你团队中的所有人员都是单一型专家，那么你就用这些单一型专家来建立你的团队。 |

## DAD与传统角色

许多敏捷纯粹派坚持认为，传统的角色，如项目经理、业务分析人员（BA）、资源管理员，以及其他许多角色都会随着敏捷的采用而消失。虽然从长远来看，这种情况**可能**会发生，但在短期内并不现实。在敏捷转型之初就取消传统角色，过于激进，往往会导致人们抵制和破坏敏捷的采用。我们更倾向于采用一种比较循序渐进、不那么激烈的方法，尊重员工及其职业理想。虽然敏捷需要不同的工作方式，但传统专业的技能和严谨仍然是极有价值的。项目经理懂得风险管理、估算策略和发布规划。受过经典培训或认证的业务分析人员带来丰富的建模选项工具箱（其中许多选项在"探索范围"目标中有所描述）。说我们不需要项目经理或业务分析人员是短视的、幼稚的，也不尊重这些职业。

尽管如此，主要的DAD角色在实践中是非常有效的。当我们与组织合作改进其工作方式（WoW）时，我们尽可能帮助更多的人从现有的传统角色过渡到DAD角色，他们在实践中往往发现这些角色更能带来成就感。图4.5描述了数种传统角色的常见选项。我们所展示的是一般状况，务必要认识到，人们会根据自己的喜好和愿望来选择自己的职业道路，每个人都可以在敏捷领域找到自己的职业选项。重要的是认识到，只要愿意学习新的工作方式（WoW），进入新的角色，人人都能在敏捷型组织中找到自己的位置。

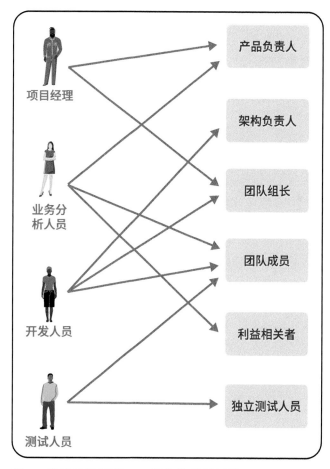

**图4.5 从传统角色到DAD角色的常见过渡。**

## 小结

本章探讨与DAD团队打交道者的潜在权利和责任，以及他们可能选择担负的角色。我们说潜在，是因为你需要调整这些想法，以适应所在组织的文化环境。不过，我们证明，你偏离DAD角色和责任越远，你将承担的风险就越大。你学习了：

- DAD定义了五个主要角色：团队负责人、产品负责人、团队成员、架构负责人和利益相关者。这些角色会出现在所有团队中。
- 在许多情境下，团队会酌情视需要依靠支持角色：单一型专家、领域专家、技术专家、第三方测试人员或集成人员。
- 就像其他所有事情一样，DAD角色是一个建议的起点。你可能有正当的理由为所在组织定制这些角色。
- 在角色的问题上，与所有其他事情一样，你在所处情境下竭尽所能，并随着时间推移而努力改进。

# 第五章

# 过程目标

**我们不仅要学会接受我们本身和我们的想法之间的差异，还要热情地欢迎并欣赏这些差异。**
——吉恩·罗登伯里（Gene Roddenberry）

## 本章要点

- 尽管每个团队的工作方式都是独一无二的，但团队仍然需要处理相同的过程目标（过程结果）。
- 过程目标指导你探索需要考虑的问题和你的潜在选项；过程目标不规定要做的事项。
- DAD过程目标为你提供了选择，每一个选择都有权衡取舍。
- 在你面临的情境下，力求竭尽所能。
- DAD过程目标在一开始显得过于复杂，问问自己你会删除哪些目标。

规范敏捷交付（DAD）采取简单明了的方法来支持团队选择其工作方式（WoW）。过程目标指导团队作出与过程相关的决定，满足定制敏捷策略的需要，来应对其所处情境的环境[Goals]。有些人喜欢把这称为产能驱动型工作方式（WoW），过程结果驱动型工作方式（WOW），或矢量驱动型方法。

每个DAD过程目标都定义了高层级的过程结果，如改进质量或探索初始范围，而没有规定如何去做。过程目标则指出了你需要考虑的问题（我们称之为决策点），以及你可能选择采用的一些潜在选项。

过程目标指导团队作出与过程相关的决定，满足定制和规模化敏捷策略的需要，来应对其所处情境的环境。这种定制工作最多需要几个小时，而不是几日，DAD简单明了的目标图有助于精简这种工作。过程目标是支持团队选择其工作方式（WoW）的推荐方法，也是规范敏捷（DA）过程支架的关键组成部分。

## 为什么采用目标驱动的方法？

在第一章中，我们了解到团队应该以主人翁态度完成其过程，应该选择并随着时间的推移演进其工作方式（WoW）的若干充分理由。首先，每个团队面临的情境都是独一无二的，因此应该定制其方法，最恰当地应对这种情境，并且其工作方式（WoW）应随着情境的演进而演进。也就是说，环境很重要。第二，你需要有选择，明白这些选择是什么。如果你不明白有哪些选项，就无法以主人翁态度完成你的过程。第三，我们想在工作上做到杰出，所以我们需要有试验各种工作方式的灵活性，发现如何成为我们心目中最棒的团队。

大多数团队很难做到真正以主人翁态度完成自己的过程，主要是因为团队内部没有所需的过程专长。因此他们需要一些帮助，而过程目标是这种帮助的一个重要部分。我们的经验是，采用目标驱动方法进行敏捷解决方案的交付，有几个基本的优势：

- 它使团队能够专注于过程的结果，而不是遵守过程。
- 它提供了一个简明而共享的路径通向更精益、更少浪费的过程决策。
- 它通过使过程决策明确来支持选择你的工作方式（WoW）。
- 它使你的过程选项非常清晰，从而使你更易于为你自己所处的情境确定适当的策略。
- 它通过为你提供足够成熟的策略来解决你在规模上面临的复杂问题，从而实现有效的规模化。
- 它使你在扩展敏捷方法时不再需要猜测，从而使你能够专注于实际工作，即为你的利益相关者提供价值。
- 它使你清楚地知道你所承担的风险，从而使你能够增加成功的概率。
- 它给出了敏捷成熟度模型的提示（这对任何正在努力摆脱传统成熟度模型的组织来说都很重要）。

## 多少细节才够？

作为一个人，或者一个团队，你所需要的过程细节数量因你所处的情境而异。一般来说，你越有经验，你需要的细节就越少。图5.1概述了我们如何选择记录DAD的细节，从高层级的、基于结果的过程目标开始，一直到具体实践的细枝末节。DA浏览器[DABrowser]记录了前三个层级：过程目标、过程目标图和选项表。第四层级，即详细的实践/策略描述，印出来会有数万页。敏捷/精益著作博大精深，我们在DAD方面的目标是帮助将其置于环境中。

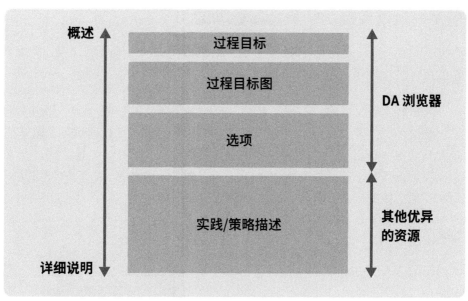

**图5.1** 过程目标方面的细节层级。

正如你在图5.1中看到的那样，在描述过程目标时，有四个层级的细节：

1. **过程目标**。各种名目的过程结果，例如：识别架构策略，加速价值交付，部署解决方案，或发展团队成员。各种名目的过程目标便于工作方式（WoW）可能截然不同的团队以一致的语言讨论与过程有关的问题。

2. **过程目标图**。这是以直观方式呈现你在目标方面需要思考的诸多方面（即决策点），以及每个决策点可供选择的几个选项。这并不是说我们已经识别出可供你使用的所有可能的办法，但我们已经识别出足够的办法，能够给你一个很好的选项范围，并清楚地表明你实际上是有选择的。在许多方面，过程目标图是决策树的进阶版，见本章稍后图5.4示例。过程目标图对于有经验的实践者（包括敏捷教练）来说是非常有用的，因为它概括了他们在定制由该目标所应对的那部分工作方式（WoW）时需要考虑的问题。

3. **选项表**。选项表简要归纳了潜在的实践或策略，你应该考虑采用这些实践或策略来应对某个给定的决策点。对于每个选项，还提供了与之相关的权衡取舍，以便将其置于环境之下。最佳实践这种东西其实是没有的，每一种实践/策略都是在某些环境下有效，而在其他环境下则不合适。选项表帮助你确定在你当前所处的情境下，你认为团队可以试验的最佳选项是哪个。见本章稍后图5.5示例。

4. **实践/策略描述**。每种办法都在博客、文章以及在某些情况下一本或多本书中得到描述。例如，关于测试驱动开发（TDD），有数千篇博客帖子和文章，以及数本好书。我们的目的是为你指明这些优异资源的正确方向，这正是我们在DA浏览器中所做的事情。

## 环境很重要：规范敏捷团队是目标驱动的

图5.2显示DAD团队的目标，这些目标按照初始、构建和移交这三个阶段，以及持续贯穿于整个生命周期的目标进行分组。

如果你了解你的过程历史，你可能已经注意到，我们采用了统一过程（UP）[Kruchten]中的阶段名称。更准确地说，我们采用了UP四个名称中的三个，因为与UP不同，DAD没有精化阶段。有些人会把这一点当作DAD只是UP的证据，但如果你熟悉UP，你会发现这显然不是真的。我们选择采用这些名字是因为，坦率地说，它们是完全正确的。我们的理念是尽可能多地重复使用和利用出色的想法，包括术语，尽量避免发明新术语。

## 过程目标图

尽管在图5.2中列出高层级的过程目标是一个好的开始，但大多数人需要比这更多的信息。为了进入我们使用目标图的下一层级的细节，我们在图5.3中描述了目标图的表示法，并且在图5.4中显示了一个例子。首先，让我们探讨一下表示法：

- **过程目标**。过程目标显示为圆角矩形。
- **决策点**。决策点是你需要考虑解决的过程问题，显示为矩形。过程目标将有两个或更多的决策点。大多数目标有四五个决策点，不过有些目标的决策点更多。每个决策点都可以由列于右侧的实践/策略来解决。有时，鉴于你的情境而定，有些决策点是不需要处理的。例如，"协调活动"过程目标有一个"跨项目集协调"决策点。该决策点就只有在你的团队属于更大的"团队的团队"时才适用。
- **有序的选项列表**。有序的选项列表用办法列表左侧的箭头来表示。这表示，出现在列表顶部的办法较为可取，一般在实践中较为有效，而不那么可取的办法则列于列表的底部。当然，你的团队应该努力采用在所处情境的环境下能够执行的最有效的办法。换言之，尽力而为，但要意识到或许有更好的办法，你可以在某个时点选择采用。根据复杂性理论的观点，带有序选项列表的决策点实际上是一个表示变化路径的矢量。图5.4中，"范围文件的细节层级"决策点有一个有序选项列表，而第二个决策点则没有。

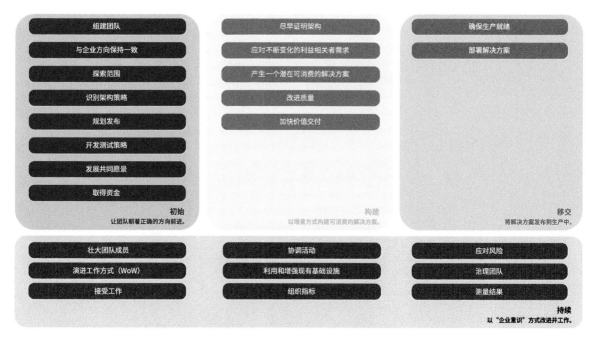

图5.2 规范敏捷交付（DAD）的过程目标。

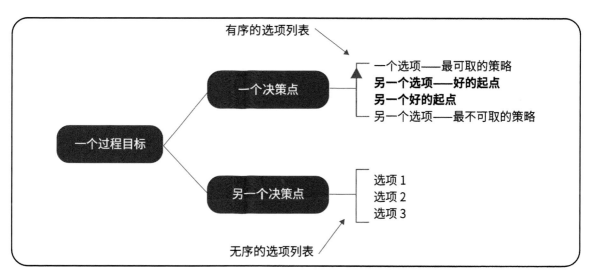

图5.3 过程目标图的表示法。

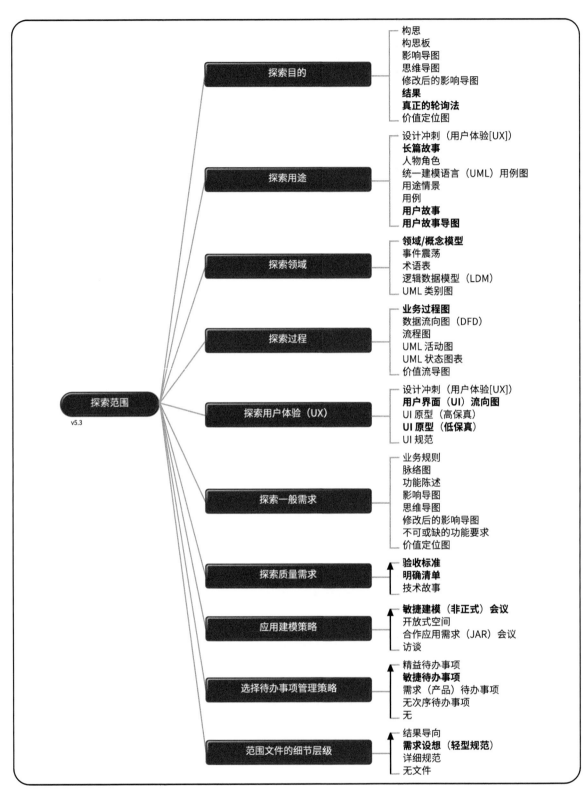

**图5.4** "探索范围"目标图。

- **无序的选项列表**。无序的选项列表没有箭头，每个选项都有优点和缺点，但如何将这些选项公平排序则并不明确。
- **潜在起点**。潜在起点用粗斜体表示。因为可能有很多办法可以选择，所以我们用粗斜体表示"默认"的办法。这些默认办法对于刚采用敏捷策略且承担简单直白问题的小团队来说是一个很好的起点。这些方法几乎都是源于Scrum、极限编程（XP）和敏捷建模的策略，再加上一些统一过程的想法加以完善。

在实践中，结合给定列表中的若干选项是很常见的。例如，考虑一下图5.4中的"探索用途"决策点。对于刚采用敏捷的团队来说，应用长篇故事、用户故事和用户故事地图来探索用途需求是很常见的。

让我们再来探讨一下图5.4中的"探索范围"目标图。这是一个过程目标，你应该在生命周期开始时的"初始"阶段解决（如果你遵循的生命周期包括"初始"阶段；见第六章）。一些敏捷方法会简单地建议你在起初用一些用户故事来填充产品代办事项列表，而目标图则清楚地表明，你可能应该在方法上更复杂一些。你应该记录哪个细节层级？你打算如何探索系统的潜在用途？或者用户界面的需求？或者是解决方案所支持的业务流程？默认的办法，或者更准确地说是建议的起点，用粗斜体表示。请注意，我们建议，你可以默认以某种方式记录用途，以某种方式记录基本的领域概念（例如通过高层级的概念图），以及以某种方式记录非功能需求。你可能要考虑不同的建模策略，选择对你的情境有意义的策略，而不是那些没有意义的。你也应该开始考虑你管理工作的方法，写出一些索引卡和一些白板草图的轻型规范方法只是你应该考虑的一个选项。在DAD中，我们明确指出，敏捷团队所做的事情不仅仅是实施新的需求，因此我们建议默认工作项列表，而不是过分简单化的需求（产品）待办事项列表策略。工作项可包括有待实施的新需求，有待修复的缺陷，培训研讨会，对其他团队工作的审查，等等。这些都是需要规模化、确定优先次序以及规划的事情。最后，目标图清楚地表明，当你探索工作的初始范围时，你应该以某种方式捕获非功能需求，如可靠性、隐私性、可用性、性能和安全需求（以及其他需求）。

## 但这太复杂了！

我们在DA方面的策略是明确认识到软件开发（以及一般的IT和组织）本质上是复杂的。DA并不试图把事情简化为若干"最佳实践"，而是明确表述你所面临的问题、你所拥有的选项和你要做的权衡取舍，并简化了选择合乎你需求的正确策略的过程。DA提供支架，帮助你做出更好的过程决策。

是的，图5.2中描述了许多过程目标（实际上有24个）。你会拿掉哪些呢？我们见过一些团队没有以任何方式应对风险，它们无一例外都出现了很糟糕的情况。我们也见过一些团队选择不处理"改进质量"这一目标，结果眼睁睁看着技术债务不断增加。在实践中，选择忽略这些目标中的任何一个，都不可能安然无恙。让我们同样来考虑一下图5.4中的决策点。你会放弃其中任何一个吗？很可能不会。是的，要想长期成功地交付解决方案，需要考虑的问题多到令人望而生畏的地步，而我们所记录的看起来是开发企业级解决方案所需的最小集合。

## 深入了解细节：选项表和参考文献

下一个层级的细节是选项表。我们在图5.5中提供了一个"探索范围"的"探索质量需求"决策点示例。每个表格都列出了选项，即实践或策略，以及每个选项的权衡取舍。目标是将每个选项置于环境中，并在适当的时候，向你指出关于该办法的更多细节。

在图5.6中，你可以看到，通过附加资源下拉菜单下面的链接，如何为你指向更多信息。在这种情况下，你可以看到与验收标准选项相关的链接。这些链接指向相关的文章、博客文章、书籍或培训机会。DA的理念是提供环境充分的信息，以确定一个选项是否有可能对你有用，并在你想了解更多信息的情况下为你指向良好的资源。

## 如何在实践中应用过程目标

规范敏捷实践者可在几种常见的情景下应用过程目标：

- **识别有待试验的潜在策略。**我们在第一章中描述了有指导的过程改进（GCI），团队使用DAD作为参考来确定要试验的办法。因为DAD将选项置于环境中，正如你在图5.5中看到的那样，你更有可能确定一种在你的环境中奏效的办法。
- **强化回顾。**目标图和支持表格提供了潜在选项的工具箱，你可以从中选择要试验的选项，来解决团队发现的挑战。

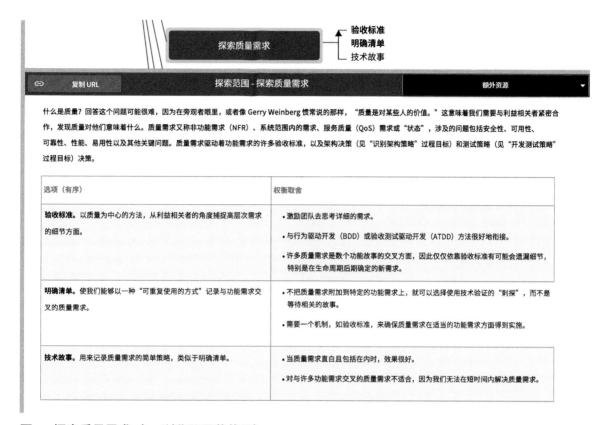

图5.5 探索质量需求（DA浏览器屏幕截图）。

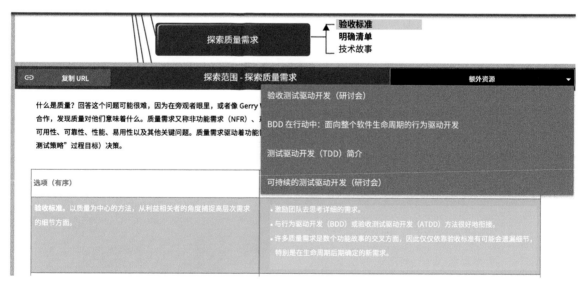

图5.6 验收标准的参考（DA浏览器截图）。

- **核对单**。有经验的团队经常用目标图来提醒自己在当前情境下可以选择应用的潜在办法。
- **过程定制研讨会**。我们在第1章中描述过，新团队经常用过程定制研讨会来确定或协商一起工作的方式。过程目标往往证明是有助于聚焦这些研讨会的良好资源，使用过程目标的一个简单方法是将过程目标打印出来，贴在墙上，然后整个团队一起探讨这些目标。
- **成熟度模型**。[1]有序决策点有效地提供了一个围绕给定决策点的重点成熟度模型。更重要的是，有序决策点实际上是矢量，为团队指明了一条可以遵循的改进路径。这类似于CMMI的连续模型策略[CMMI]。
- **对过程选择进行富有成效的讨论**。过程目标的一个有趣的方面是，过程目标提供的一些选择在实践中确实不是很有效。什么？！我们有时会发现团队遵循某种办法是因为他们认为这是现有的最佳策略，也许他们被告知这是一种"最佳实践"，也许这是他们所知道的最佳策略，也许这是他们现在能做的最好的水平，或者也许是他们所采用的方法论所规定的，而他们从未想过试试其他方法。无论如何，现在向他们提供了这一策略和其他有效的选项，并清楚地描述了每种选项的权衡取舍。这使你能够更好地比较和对比各种策略，并有可能选择一种新的策略来进行试验。

## 小结

本书描述了你可以如何选择你的工作方式（WoW），以及你的团队如何能以主人翁态度真正完成其过程。你能以主人翁态度完成过程的唯一方法是你明白有哪些选项。过程目标有助于使过程选择以及与之相关的权衡取舍变得明确。在本章中，我们探讨了几个关键概念：

- 尽管每个团队的工作方式都是独一无二的，但团队仍然需要处理相同的过程目标（过程结果）。
- 过程目标指导你探索需要考虑的问题和你的潜在选项；过程目标不规定要做的事项。
- 过程目标为你提供了选择，每一个选择都有权衡取舍。
- 在你面临的情境下，力求竭尽所能，并随着时间的推移学习和改进。
- 如果过程目标在一开始显得过于复杂，问问自己你会删除哪些目标。

---

[1] 在DA中，我们不怕使用"敏捷套话"，如管理、治理、阶段等，是的，甚至还有"成熟度模型"。

# 第六章

## 选择正确的生命周期

**愿你的选择反映你的希望，而不是你的恐惧。**——纳尔逊·曼德拉（Nelson Mandela）

## 本章要点

- 在你所在组织中，有些团队仍然会遵循传统生命周期——DAD明确承认这一点，但并不为这种正在缩减的工作类别提供支持。
- DAD提供了在六种基于敏捷或精益策略的解决方案交付生命周期（SDLC）之间作出选择然后演进所需的支架。
- 基于项目的生命周期，即使是敏捷和精益的生命周期，也要经历一些阶段。
- 每个生命周期都有其优点和缺点；每个团队需要挑选一个最能反映其环境的生命周期。
- 共同的、轻量级的、基于风险的里程碑能够实现一致的治理；你不需要强迫团队遵循相同的过程。
- 团队将从某个给定的生命周期开始，并通常在不断改进其工作方式（WoW）的过程中演进，逐渐脱离这个生命周期。

我们有幸与世界各地的组织合作。我们进入一个组织，往往是为了指导组织改进其工作方式（WoW），因此我们有机会观察这些组织内部实际发生的情形。除了很小的企业以外，屡见不鲜的情况是，这些组织内部的不同团队所采用的交付生命周期各不相同。其中一些团队遵循基于Scrum的敏捷项目生命周期，而其他团队则采用基于看板的精益生命周期。更高级的团队，特别是那些转向DevOps思维模式的团队，会采用持续交付的方法[Kim]。有些团队可能正在研究全新的商业理念，并遵循试验性"精益创业"式的方法，而有些团队可能仍在采用较传统的生命周期。正如第二章所述，之所以会出现这种情况，是因为每个团队都是独一无二的，其所处的情境也是独一无二的。团队的工作方式（WoW）需反映其面对的环境，而选择有效工作方式（WoW）的一个重要因素是选择最契合其情境的生命周期。规范敏捷交付（DAD）支架为你的交付团队提供生命周期的选择，同时又能在不同团队中实行一致的治理[LifeCycles]。

## 简要回顾历史：串联生命周期

首先，DAD目前不支持传统的生命周期。串联生命周期有数种不同的"口味"，有时称为传统生命周期、瀑布式生命周期，甚至是预测型生命周期。图6.1描绘的是V模式。其基本思想是，一个团队需要经过各个功能阶段，如需求分析、架构设计等等。在每个阶段结束时，通常有一个"质量门"里程碑审查，其重点往往是审查文档。测试发生在生命周期的末端，而且每个测试阶段，至少在V模型中，往往对应于生命周期中较早期的产物创建阶段。V模型生命周期基于二十世纪六七十年代关于软件开发方式的理论。请注意，在二十世纪九十年代初和二十一世纪头十年，一些组织错误地将统一软件开发过程（RUP）实例化为一个重量级过程，因而一些实践者认为RUP也是一个传统过程。不对，RUP是一个迭代和增量的过程，但往往被那些没有摆脱传统思维模式的人实施得很糟糕。

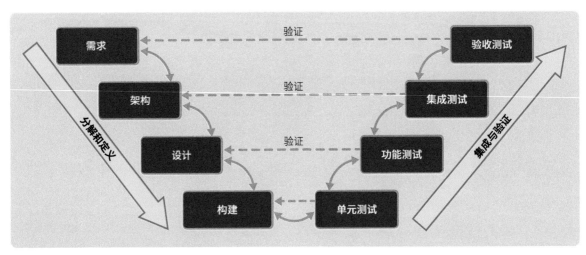

**图6.1 软件开发生命周期的V模型。**

既然目前很明确没有把串联方法包括在DAD中，那为什么要谈它呢？因为有些团队目前正在遵循串联方法，需要帮助来摆脱这种方法。更糟糕的是，有许多人认为，传统策略广泛适用于各种情境。在某种意义上，他们是正确的，但他们不明白的是，对大多数情境来说，实践证明敏捷/精益策略的效果要好得多。但是，正如你在本章后文所了解的那样，在少数情境下，传统策略确实有意义。但只限于少数情境。

## 敏捷历史

"迭代0"一词是由《敏捷宣言》创始人之一吉姆·海史密斯（Jim Highsmith）于2002年首次在他的《敏捷软件开发生态系统》（*Agile Software Development Ecosystems*）一书中提出的[Highsmith]。后来，它被Scrum界采用并改为"冲刺0"。

## 项目思维模式导致敏捷阶段，而这是可以的

许多组织选择按照项目为解决方案的交付提供资金。这些项目可能是日期驱动的，有明确的开始日期和结束日期；可能是范围驱动的，必须交付特定的功能或一组特定的结果；也可能是成本驱动的，必须符合或低于预期的预算。一些项目兼有上述多种制约因素，但你对交付团队施加的制约因素越多，项目失败的风险就越大。图6.2描述了项目交付生命周期的高层级视图。如你所见，它有三个阶段：

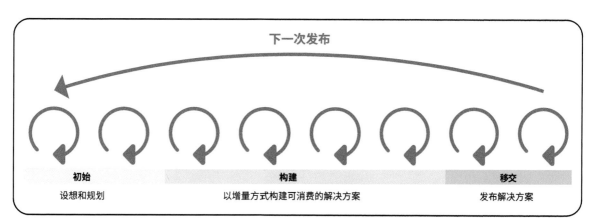

图6.2 敏捷项目生命周期（高层级）。

1. **初始阶段。**初始阶段有时称为"冲刺0"、"迭代0"、启动或发起阶段。其基本思想是，团队只需要理清头绪并朝着正确的方向前进。团队起初将自行组建，并投入一些时间进行最初的需求和架构探索，初步规划，与组织的其他部分保持一致，当然还要为项目的其余部分争取资金。这个阶段应该尽量保持简单和简短，同时就团队以何种方式完成利益相关者要求的结果达成协议。敏捷/精益团队在初始阶段平均花11个工作日，即两周多一点[SoftDev18]。

2. **构建阶段。**构建的宗旨是产生一个具有足够客户价值的可消费解决方案，即对利益相关者有价值的所谓最小业务增量（MBI）。团队将与利益相关者密切合作，了解他们的需求，为他们构建一个高质量的解决方案，定期从他们那里获得反馈，然后根据这些反馈采取行动。这意味着团队可能每天进行分析、设计、编程、测试和管理活动。这方面的内容见后文详细阐述。

3. **移交阶段。**移交有时称为"发布冲刺"或"部署冲刺"。如果团队遇到质量上的问题，则称为"强化冲刺"。移交的宗旨是将你的解决方案成功发布到生产中。这包括确定你是否已经准备好部署解决方案，然后实际部署之。一般的敏捷/精益团队在移交活动上花6个工作日，但如果你排除那些实现了全自动测试和部署的团队（我们不会这样做），则平均需要花8.5天[SoftDev18]。此外，26%的团队有完全自动化的回归测试和部署，63%的团队在1天或更短时间内完成移交。

尽管敏捷纯粹派会回避阶段的概念，并经常跳过一些障碍，例如将初始阶段称为"冲刺0"，将移交阶段称为"发布冲刺"，但事实是，敏捷项目团队在高层级上是以串联方式工作的。团队需要在开始时投入一些时间，以便朝着正确的方向前进（初始/冲刺0），需要花时间产生解决方案（构建），并且需要花时间部署解决方案（移交/发布冲刺）。这种情况发生在实践中，只要想观察就能轻易观察到。重点是尽可能精简你在"初始"和"移交"还有"构建"阶段所付出的努力。

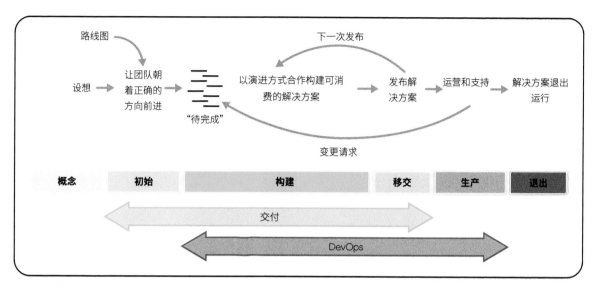

**图6.3 系统/解决方案/产品生命周期（高层级）。**

对于IT行业和你所在组织来说，除了解决方案的交付，还有更多的元素。例如，你所在组织可能有数据管理、企业架构、运营、项目组合管理、营销、供应商管理、财务和许多其他重要的组织事宜。一个完整的系统/产品生命周期从解决方案的最初概念直至交付，历经运营和支持，通常包括许多回合，贯穿于交付生命周期。图6.3描绘的是系统生命周期，显示交付生命周期还有DevOps生命周期如何是系统生命周期的一个子集。尽管图6.3增加了概念（构思）、生产和退役阶段，但DAD和本书的重点是交付。正如第一章所述，规范敏捷（DA）所含策略包括DAD、规范DevOps、价值流和一般的规范敏捷企业（DAE）[DALayers]。

## 左移、右移、持续交付

虽然有些团队会采取基于项目的方法，但并不是所有的团队都这样做，随着时间的推移，我们预计这种趋势会增长。当一个团队获准长期保留，存续时间通常比单个项目长时，我们就说它是稳定或长期团队。当一个长期团队获准演进其工作方式（WoW）时，我们看到一些不可思议的事情发生了——他们成为能够持续交付的团队。"左移"一词在敏捷实践者中很流行，经常用来表示测试和质量实践在整个生命周期中得到执行。这是一件好事，但"移动"的趋势不止于此。有若干重要的趋势（见图6.4归纳）会影响到一个团队演进其工作方式（WoW）的途径：

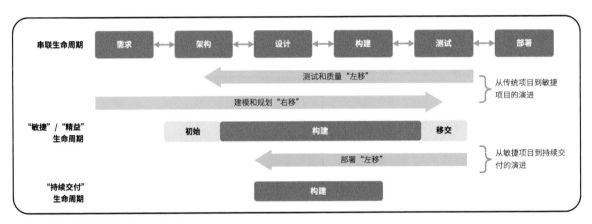

图6.4 当你将活动左移和右移时生命周期的演进方式。

1. **测试和质量实践左移**。通过提高自动化并经由测试驱动开发（TDD）[Beck]和行为驱动开发（BDD）[ExecutableSpecs]等实践用可执行规范取代书面规范，敏捷实践者显然在将测试实践左移。当然，TDD和BDD得到了持续集成（CI）[HumbleFarley]实践的支持。采用这些策略是推动"基础设施即代码策略"的一个关键因素，而在"基础设施即代码策略"中，传统团队主要以人力进行的活动在敏捷团队中变得完全自动化。

2. **建模和规划实践右移**。敏捷实践者还将建模/映射和规划实践移到生命周期的右边，这样我们就能根据利益相关者的反馈进行调整。在DAD中，建模和规划是如此重要，以至于我们在整个生命周期中都以协作和迭代的方式进行建模和规划[AgileModeling]。

3. **利益相关者的互动右移**。DAD团队在整个工作过程中与利益相关者互动，而不仅仅是在生命周期开始和结束时的需求和测试阶段。

4. **利益相关者的反馈左移**。传统的团队往往将利益相关者的严肃反馈留到传统测试阶段进行的用户验收测试（UAT）。而DAD团队则在整个工作过程中尽早且尽可能定期地获取利益相关者的反馈。

5. **部署实践左移**。敏捷团队正在将部署实践完全自动化，这是另一个"基础设施即代码"策略，以支持持续部署（CD）。CD对DAD的下述两个持续交付生命周期而言是关键实践。

6. **真正的目标是持续交付**。所有这些左移和右移的结果是团队能够以持续交付的方式工作。过程改进为的是更巧妙地工作，而不是更辛苦地工作。

## 选择是好事:
## DAD的生命周期

DAD支持数个可供团队选择的生命周期。这些生命周期见下文详述，并在图6.5中作了归纳。它们是：

1. **敏捷**。基于Scrum构建生命周期。遵循这个项目生命周期的团队将通过短迭代（也称冲刺或时间盒）生产可消费的解决方案。

2. **持续交付：敏捷**。遵循这个基于敏捷的生命周期的团队将在非常短的迭代（通常是1周或更短）中工作。在每个迭代结束时，他们的解决方案就被发布到生产中。

3. **精益**。基于看板。遵循这个项目生命周期的团队将其工作可视化，减少"在制品"（WIP）以精简其工作流，并且一次将一个工作项拉取到团队中。

4. **持续交付：精益**。遵循这个基于精益的生命周期的团队将尽可能随时将其工作发布到生产中，通常一天数次。

5. **探索性**。基于精益创业[Ries]和一般设计思维。遵循这个生命周期的团队将通过开发一个或多个最小可行性产品（MVP）来探索一个商业理念。他们把这些产品作为试验来运行，以确定潜在客户的实际需求。当一个团队在其领域面临"棘手问题"[WickedProblemSolving]时，往往会应用这个生命周期。

6. **项目集**。项目集实际上是一个大型团队，采取团队的团队的组织形式。

现在让我们较详细地探讨其中每一个生命周期。之后，我们将讨论应在何时考虑采用每一个生命周期。

**图6.5 DAD的生命周期。**

## DAD的敏捷生命周期

DAD的敏捷生命周期（如图6.6所示）主要基于Scrum生命周期，并采用了统一过程（UP）中业经检验的治理概念，使其适用于企业[Kruchten]。专注于开发解决方案单一发布版的项目团队，通常采用这个生命周期。不过有时团队会存续下来，在开发下一个发布版（以及之后的下一个发布版，等等）再次遵循这一生命周期。在许多方面，这个生命周期描述了基于Scrum的项目生命周期在企业级环境中如何运作。我们曾与数个团队合作。他们喜欢把这看作是Scrum++，而无需受到Scrum界的文化义务制约，来粉饰他们认为不方便的解决方案交付活动。这个生命周期有数个关键方面：

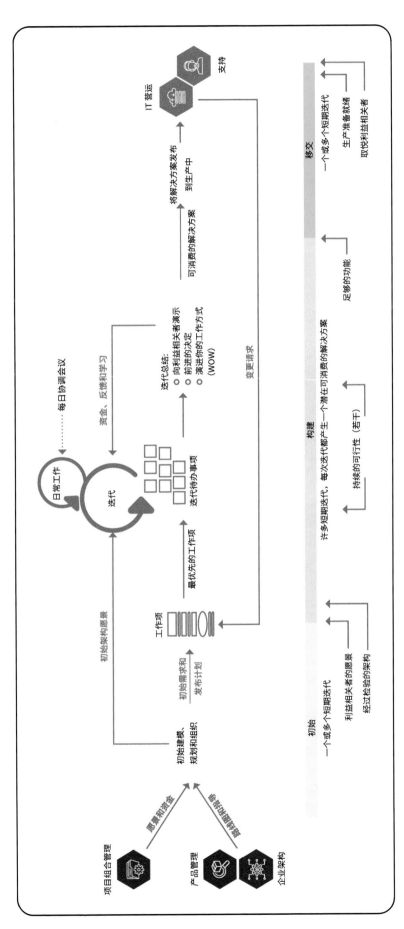

**图6.6 DAD的敏捷生命周期。**

- **初始阶段**。如前文所述，团队的工作重点是理清头绪并朝着正确的方向前进就足够。DAD旨在精简从开始到结束的整个生命周期，包括初始阶段所涉及的启动活动。当我们对团队的预期成果和如何实现这些成果有了约定的愿景时，初始阶段就结束了。
- **"构建"阶段按短迭代组织**。迭代是一段很短的时间，通常是两周或两周以下。交付团队在这段时间里产生解决方案的一个潜在可消费的新版本。当然，就新的产品或解决方案而言，你可能要在完成数次迭代后才会拿出真正可消费的东西。这个阶段结束于我们有足够的客户价值（又称最小业务增量，MBI）之时。
- **团队以小批量处理工作项**。以小批量处理工作是Scrum的一个基础。而由于这个生命周期是基于Scrum的，因此这也是该生命周期的一个重要方面。DAD团队，无论采用哪个生命周期，都有可能从事一系列的工作：实施新的功能，为利益相关者提供正面的结果，运行试验，处理由使用生产中运行的当前解决方案所带来的终端用户变更请求，偿还技术债务，参加培训，等等。工作项通常由产品负责人确定优先级，主要是根据商业价值，不过也可能会考虑风险、到期日和严重程度（在有变更请求的情况下）。"接受工作"过程目标为管理工作项提供了一系列的选择。在每个迭代中，团队从工作项列表中拉取一小批他们认为在该迭代中能够完成的工作。
- **关键仪式有一个明确的节奏**。像Scrum一样，这个生命周期按特定的节奏安排了数个敏捷仪式。在每个迭代开始时，团队会对迭代进行详细规划，而在迭代结束时，我们会举行一次演示。我们举行回顾会来演进工作方式（WoW），并做出前进的决定。我们还举行日常协调会议。重点是，通过规定何时举行这些重要的工作会议，我们清除了过程中的某些猜测成分。缺点是，Scrum由于仪式而注入了一定的过程开销。这是精益生命周期所要应对的问题。
- **移交阶段**。移交阶段的宗旨是确保解决方案准备就绪可供部署，并在的确准备就绪的情况下，进行部署。这个"阶段"可以自动完成（这正是向两个持续交付生命周期演进时发生的情况）。
- **明确的里程碑**。这个生命周期支持所有简单明了、基于风险的里程碑，正如生命周期底部所描绘的那样。这些里程碑使领导层能够有效治理，详见后文阐释。"轻量级"的意思是，里程碑不必是对工作产物进行的一次正式的、官僚式的审查。理想情况下，里程碑只是讨论项目工作状态和健康状况的时间点。

- **企业指导和路线图是明确显示的**。在生命周期的左侧，可以看到重要的工作流是从交付生命周期外部进入团队的。这是因为解决方案的交付只是组织整体DevOps策略的一部分，而后者又是整体IT策略的一部分。例如，所做工作的最初愿景和资金可能源于产品管理小组，而路线图和指导则来自其他领域，如企业架构、数据管理和安全等（仅举几例）。记住，DAD团队以企业意识的方式工作。这样做的一个方面是采用和遵循适当的指导。
- **图中绘出了运营和支持**。如果你的团队正在开发现有解决方案的新发布版，那么你很可能会收到现有终端用户的变更请求，通常是经由运营和支持环节来到你的手上。对于在DevOps环境中工作的团队，你可能负责在生产中运行和支持你的解决方案。

## DAD的持续交付：敏捷生命周期

DAD的"持续交付：敏捷"生命周期（如图6.7所示）是图6.6敏捷生命周期的自然发展结果。团队通常从敏捷生命周期演进到这个生命周期，而迭代期通常是一周或一周以下。这个生命周期与敏捷生命周期的主要不同之处在于，"持续交付：敏捷"生命周期是在每个迭代结束之时，而不是在若干迭代之后，再发布新的功能。这个生命周期有几个关键方面：

- **自动化和技术实践是关键**。围绕自动化回归测试、持续集成（CI）和持续部署（CD），团队需要成熟的技术实践组合。为了支持这些实践，需要对工具进行投入，并偿还技术债务，特别是编写缺失的自动化回归测试。
- **"初始"（Inception）发生在过去**。"初始"原本发生在团队最初启动时，而在发生重大变化时，如业务方向或技术方向出现重大转变，"初始"可能会再次发生。因此，如果这样的转变再次发生，那么，不错，你肯定应该投入足够的精力来重新调整团队的方向。我们把这视为活动，而不是阶段，因此，图中没有绘出"初始"。尽管如此，我们确实看到有团队每隔几个月就会停下来，明确投入几天时间，在高层级上商讨未来几个月要做什么么。SAFe称之为大房间规划，而敏捷建模则称之为敏捷建模会议。这些办法在"协调活动"过程目标中讨论。

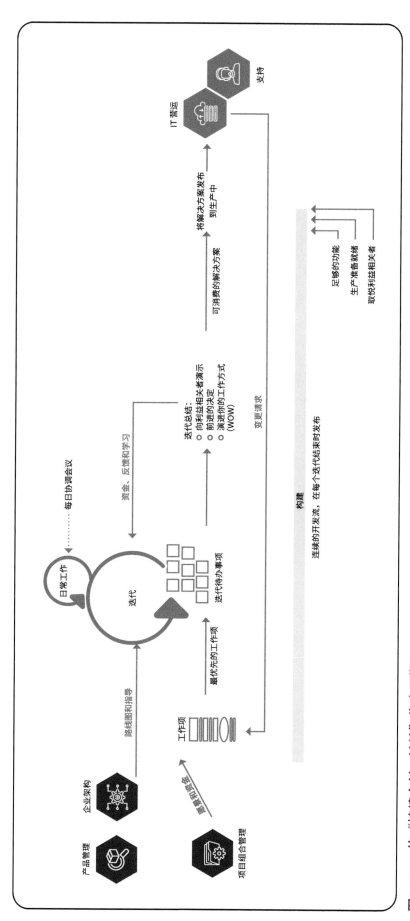

**图6.7 DAD的"持续交付：敏捷"生命周期。**

- **移交已经成为一种活动。**通过测试和部署的自动化，"移交"阶段已经从数日或数周的工作演进到只需几分钟或几小时的全自动活动。
- **明确的里程碑和传入的工作流。**仍有基于风险的共同里程碑来支持一致的治理。某些里程碑不再合适，特别是利益相关者的愿景和已经过检验的架构原本已在过去得到处理（不过，如果发生重大变化，你没有理由不再次处理这些里程碑）。就像敏捷和精益生命周期一样，在这里也显示了从组织其他部门传入的工作流。

## DAD的精益生命周期

DAD的精益生命周期，如图6.8所示，提倡精益原则，如最小化过程中的工作、最大化工作流、工作的持续流化（而不是固定的迭代），以及减少瓶颈。采用这种以项目为导向的生命周期的往往是这样的团队：刚采用敏捷/精益，面临着快速变化的利益相关者需求（这是演进（维持）现有遗留解决方案的团队所面临的共同问题）；也有传统团队，他们不想（至少不是马上）承担通常由采用敏捷而引起的文化和过程混乱的风险。这种生命周期有以下几个关键方面：

- **团队一次只处理一个工作项。**精益与敏捷生命周期的主要不同之处在于缺乏迭代。新工作是在团队有能力的情况下，一次从工作项池中拉取一个工作项，而不是像基于迭代的方法那样，以小批量将工作项拉取到团队中。
- **工作项是在准时制（JIT）基础上确定优先级的。**工作项被当作小型选项池来维护，通常按确定优先级的时间分门别类—有些工作项按价值（最好还能按风险）或固定的交付日期来确定优先级，有些必须加快（通常是严重程度为1的生产问题或重要利益相关者提出的要求），有些工作是无形的（如偿还技术债务或接受培训）。优先级是在JIT的基础上有效进行确定的。在团队拉取有待进行的工作项之时由团队选择最重要的工作项。
- **实践是在需要的时候，根据需要执行。**如同确定工作优先级一样，其他的实践，如规划、举行演示、补充工作项池、举行协调会议、做出前进的决定、前瞻建模等等，都是在JIT基础上进行的。这往往会消除团队在敏捷生命周期中发生的一些开销，但需要更多的纪律来决定何时执行各种实践。

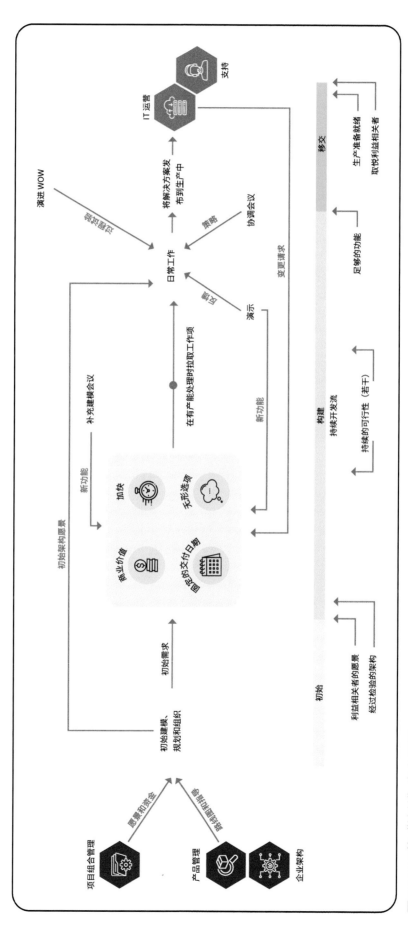

**图6.8 DAD的"精益"生命周期。**

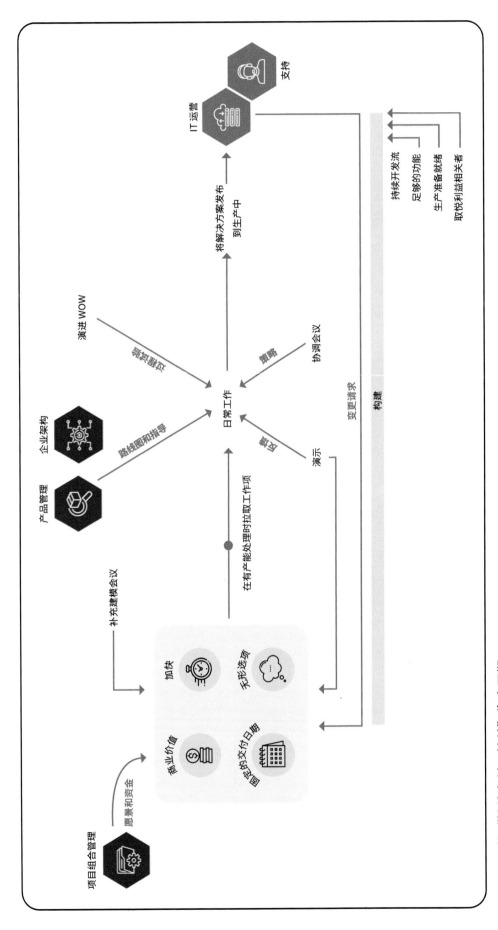

图6.9 DAD的 "持续交付：精益" 生命周期。

## 结果导致持续探索

我们观察到一个有趣的现象。当你把工作项作为结果记录，而不是作为像用户故事这样的需求记录时，这个生命周期往往会演进成对利益相关者需求的持续探索，而不是我们在需求驱动策略中看到的持续接受指令。

- **团队主动管理其工作流**。精益团队使用看板[Anderson]管理其工作。看板用状态来描述团队的高层级过程，看板上的每一列都代表一种状态，如需要志愿者、正在探索、等待开发、正在构建、等待测试、正在测试和完成。这些只是例子，因为随着团队自行选择工作方式（WoW），每个团队都会开发一个反映其WoW的看板。看板通常在白板上或通过敏捷管理软件来实施。工作以便利贴（白板上的贴纸）的形式描述。一张便利贴代表选项池/待办事项中的一个工作项或一个工作项的子任务。每一列都有一个"在制品"（WIP）限值，对可能处于该状态的便利贴数量设定了上限。当团队执行其工作时，他们摘取相应的便利贴，通过看板上的过程，从而协调其工作。
- **明确的阶段、里程碑和传入的工作流**。仍有"初始"阶段和"移交"阶段以及基于风险的里程碑来支持一致的治理。就像敏捷生命周期一样，此处也显示了由组织其他部门传入的工作流。

## DAD的"持续交付：精益"生命周期

DAD的"持续交付：精益"生命周期（如图6.9所示）是精益生命周期的自然发展结果。团队通常从精益生命周期或"持续交付：敏捷"生命周期演进到这个生命周期。这个生命周期有数个关键方面：

- **新功能的交付是真正持续的**。团队每天都交付数次生产变更，不过可能会在需要时才启动功能（这是一项DevOps策略，叫做功能切换）。
- **自动化和技术实践是关键**。这类似于"持续交付：敏捷"生命周期。
- **"初始"和"移交"已从图中消失**。其中的原因与两者在"持续交付：敏捷"生命周期中消失的原因相同。
- **明确的里程碑和传入的工作流**。这仍然与"持续交付：敏捷"生命周期相似。

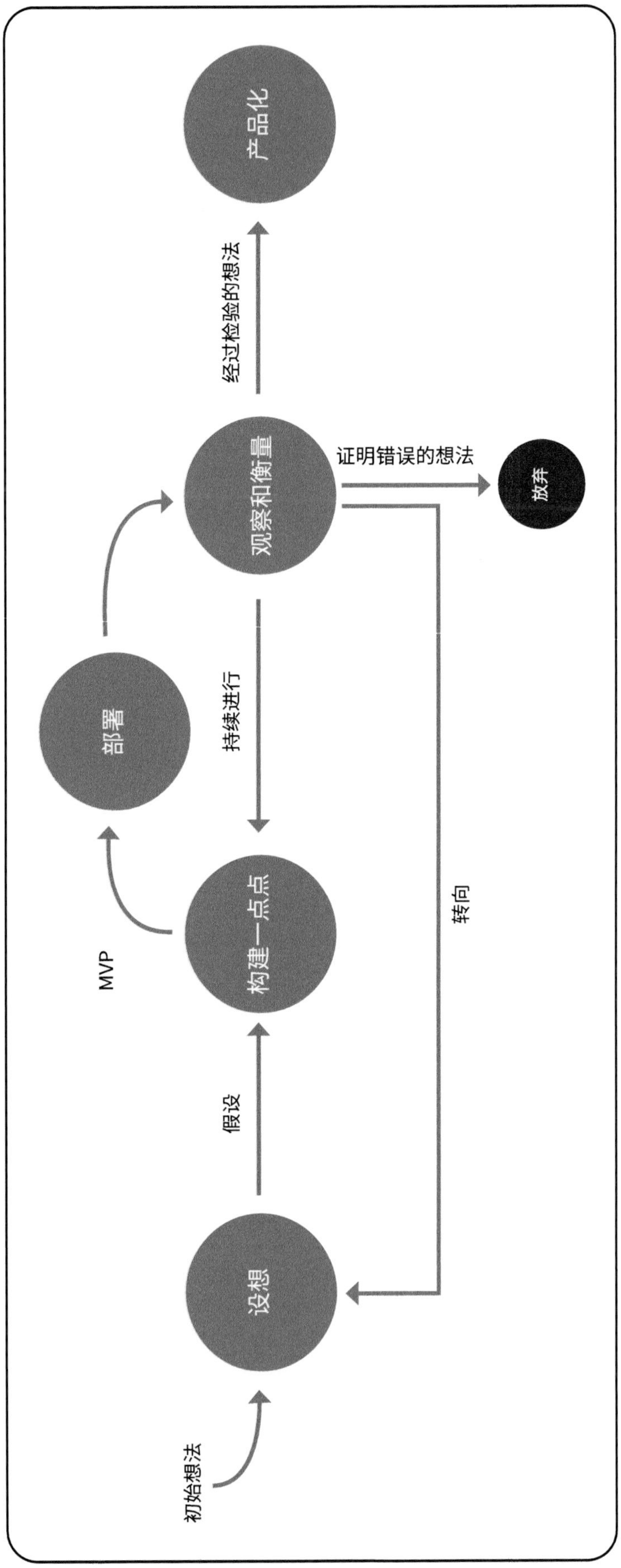

图6.10 DAD的探索性生命周期。

# DAD的探索性生命周期

DAD的"探索性"生命周期（如图6.10所示）是基于埃里克·莱斯（Eric Ries）倡导的精益创业原则。精益创业理念旨在尽量减少在市场上开发新产品/服务（提供物）的前期投资，而倾向于进行小规模的试验[Ries]。其中心思想是与潜在客户进行一些试验，根据实际使用情况确定他们的需求，从而使我们有更高概率生产出客户真正感兴趣的东西。这种用面向客户的试验来探索用户需求的方法对于探索所在领域中的"棘手问题"而言是一个重要的设计思维策略。这种生命周期有多个关键方面：

- **这是一种简化的科学方法**。我们提出一个关于客户需求的假设，开发一个或多个最小可行性产品（MVP），并将其部署到一小部分潜在客户中，然后观察并衡量这些客户使用MVP的效果。我们基于所收集到的数据，来决定后续该怎么做。是否要转向并重新思考我们的假设？是否要基于我们对客户需求的进一步理解，重做一个或多个MVP，进行新的试验？是否要放弃一个或多个想法？是否要继续推进一个或多个想法，并将其"产品化"，变成给客户的真正提供物？
- **MVP是对学习的投资**。我们创建的MVP是匆忙建立的，通常是"障眼法"类的代码，即代码质量是原型级的，其目的只是为了验证假设。它并不是"真的产品"，也没打算做成"真的产品"。它是我们呈现给潜在客户的某个功能或服务的片段，看看客户对它的反应如何。关于MVP和相关概念的概述，见图6.11。
- **平行运行数个试验**。理想情况下，这个生命周期需要平行运行数个试验来探索我们的假设。这是对精益创业的改进，精益创业注重一次只做一个试验。虽然一次只做一个试验比较容易，但要得出好的想法就需要更长的时间，而更糟糕的是，还有在考虑其他选项之前就确定策略的风险。
- **失败的试验，也是一种成功**。一些组织因为惧怕失败而不愿运行试验，这一点令人遗憾，因为像这样的探索方法实际上减少了产品失败的风险（而产品失败往往规模巨大、代价高昂、令人难堪）。我们的建议是营造一种能够正视失败的氛围。要认识到，当试验得出负面结果时，这就是成功，因为你已经以低廉的代价明白哪些做法是不可行的，因而能够重新专注于寻找可行的做法。
- **遵循另一个生命周期来构建真正的产品**。一旦发现了一个或多个似乎会在市场上取得成功的想法，我们现在就需要构建出那个"真正的解决方案"。我们通过遵循其他DAD生命周期中的一个周期来做到这一点。

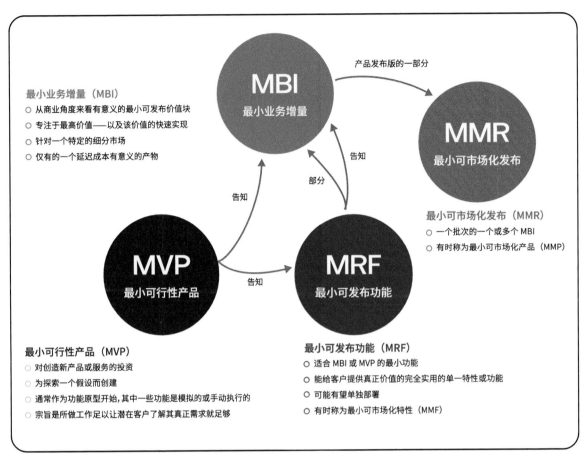

**图6.11 探索围绕MVP的术语。**

多年来，我们已经看到了数种不同的"口味"，或者更贴切地说是数种不同的定制方法：

1. **探索新的提供物。**最有说服力的理由，至少对我们来说，是应用这个生命周期来探索你的组织对新产品的想法。
2. **探索新功能。**在较小的范围内，"探索性"生命周期实际上是用来运行一项A/B测试或分割测试的策略，即实施一个新功能的数个版本，并平行运行这些版本，来确定哪个版本效果最佳。

3. **平行的概念验证**。通过概念验证（PoC），你在你的环境内安装然后评估一个软件包，有时称为商用现货解决方案（COTS）。降低软件采购风险的一个有效方法是平行运行数个概念验证，对你正在考虑的每个潜在软件包都运行一个概念验证，然后比较结果，来确定最佳选项。这通常称为"烘烤"。

4. **策略比较**。一些组织，特别是那些竞争环境非常激烈的组织，最初会成立几个团队来攻克一个产品。每个团队基本上都经过"初始"阶段，甚至可能会经过"构建"阶段的一小段，旨在确定产品的愿景并检验其架构策略。在这种情况下，他们的工作过了MVP阶段，但又没有达到MBI的地步。在一段时间后，他们会比较各个团队的工作，选出最佳方法。"获胜团队"将继续推进，成为产品团队。

## 面向"团队的团队"的DAD项目集生命周期

图6.12所示的DAD项目集生命周期，描述了如何组织团队的团队的问题。大型敏捷团队在实践中很少见，但还是有的。这正是诸如SAFe、LeSS和Nexus等规模化框架所要处理的情境。这个生命周期有数个关键方面：

- **有一个明确的"初始"阶段**。不管你喜不喜欢，对于新团队而言，我们需要在前期投入一些时间理清头绪，而对于面临额外风险的大型团队，更是要做好这方面的工作。我们应该尽快完成这个阶段的工作，最好的方法是明确认识到我们需要做哪些事以及如何做这些事。

- **子团队/小队选择进而发展其工作方式（WoW）**。子团队，有时称为小队，应该获准自行选择其工作方式（WoW），就像任何其他团队一样。这包括选择自己的生命周期以及自己的实践。具体而言，有些团队可能会遵循敏捷生命周期，有些则是"持续交付：精益"生命周期，等等。我们可能会选择对团队施加一些制约因素，例如，围绕项目集内的协调，遵循共同的指导和共同的策略（体现为"协调活动"过程目标）。如图6.13所暗指的那样，我们必需约定如何进行跨团队的系统集成和跨团队的测试（如果需要的话）。这两方面的选项分别见"加速价值交付"过程目标和"开发测试策略"过程目标。像SAFe这样的框架会规定一个策略（比如"发布火车"）来做这件事，而DAD提供了各种选择，帮助你选出适合你情境的最佳策略。

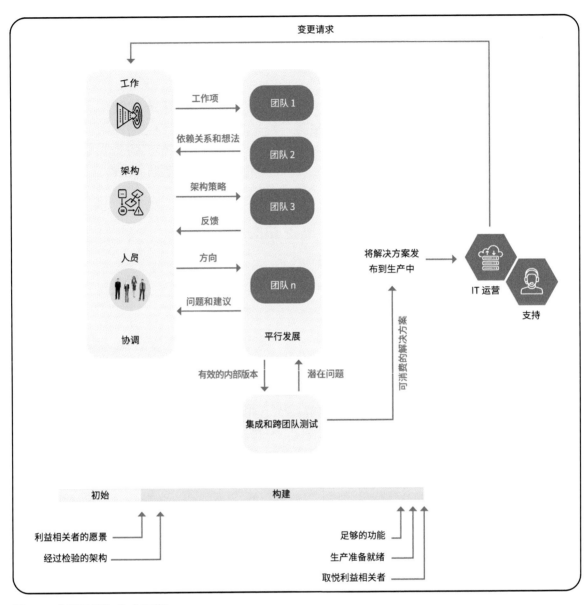

**图6.12** "项目集"生命周期。

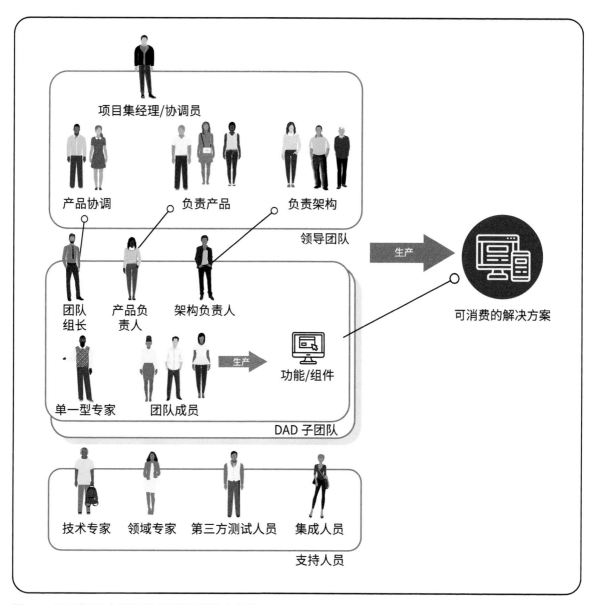

**图6.13** 用于组织大型团队的团队的潜在结构。

- **子团队可以是功能团队或组件团队。**多年来，敏捷界内部围绕功能团队与组件团队一直争论不休。功能团队负责功能的垂直切片，实施故事或处理从用户界面直至数据库的变更请求。组件团队负责系统的某一特定方面，如安全功能、交易处理或日志记录。我们的经验是，这两种团队都有自己的位置。它们在某些环境下适用，但在其他环境下不适用，并且在实践中其策略可以而且经常被结合起来使用。

- **协调发生在三个层面。**当我们协调各个子团队时，有三个问题需要关注：协调有待去做的工作，协调技术/架构问题，以及协调人员问题。在图6.13中，这些协调工作分别由产品负责人、架构负责人和团队负责人进行。每个子团队的产品负责人将自行组织并自己解决工作/需求管理问题，确保每个团队在适当的时间做适当的工作。同样，架构负责团队将自行组织，随时间的推移演进架构，而团队负责人将自行组织，管理各团队发生的人员问题。这三个领导小组能够处理那类随着时间推移而变得典型的小型路线修正事宜。团队可能会发现，他们需要偶尔聚在一起，规划下一个区块的工作——这是SAFe所说的项目集增量（PI）规划的办法，并建议每季度进行一次。我们建议你在合乎情理的时机和条件下这样做。

- **系统集成和测试平行发生。**图6.12显示，有一个单独的团队来执行总体系统集成和跨团队测试。理想情况下，这类工作应该是微乎其微的，并且及时地完全自动完成。我们一开始经常需要一个单独的团队，这往往是由于缺乏自动化的缘故。但我们的目标应该是尽可能多地将这项工作自动化，并将其余的工作推送给子团队。尽管如此，我们发现整个解决方案的易用性测试，以及类似的用户验收测试（UAT），出于后勤方面的考虑，需要单独进行。

- **子团队尽可能整体运作。**大部分的测试工作应该在子团队内进行，就像在正常的敏捷团队中那样，同时伴随着持续集成（CI）和持续部署（CD）。

- **我们可以在需要时随时部署。**这方面我们倾向于采用CD方法，不过刚采用敏捷项目集的团队可以从每季度发布一次（甚至更少）开始，然后随着时间的推移改进发布节奏。刚接触这方面做法的团队可能需要一个"移交"阶段，有人把最初几次称为"强化冲刺"或"部署冲刺"。"加速价值交付"过程目标记录了交付团队所具备的各种发布选项，而"发布管理"过程色块[ReleaseManagement]则记录了组织层面所具备的选项。过程色块包含过程选项（如实践和策略）的凝聚性集合。应选择这些选项，然后以环境敏感方式加以应用。每个过程色块涉及一种特定的能力，如财务、数据管理、营销或供应商管理。就像使用过程目标图描述过程目标一样，过程色块也是如此。

- **规模化很难**。有些问题需要大型团队，但是如果想要成功，你需要知道你在做什么。如果你在小团队中采用敏捷时遇到困难，那就说明还没有准备好在大团队中采用敏捷。此外，正如第三章所述，团队规模只是团队可能需要面对的六个规模化因素之一。其他五个因素是地理分布、领域复杂性、技术复杂性、组织分布与监管合规性。这些问题的详尽阐述见 PMI.org/disciplined-agile/agility-at-scale。

## 各个生命周期都应何时采用？

每个团队都应该选择自己的生命周期，但如何做到这一点？或许你很想让项目组合管理团队来做这个选择——对呀，至少这是为他们选的呀。他们充其量应该在最初启动一项工作时提出一个（希望是可靠的）建议。但是，生命周期的选择最终应该由团队做出，这样才会有效。这种选择可能会有难度，对于刚采用敏捷和精益的团队更是如此。DAD提供的过程决策支架，其中一个重要部分是选择生命周期的建议，包括图6.14的流程图。

当然，实际情况比这个流程图要复杂一点。图6.15概述了我们发现的在选择生命周期时需要考虑的重要因素，见情景环境框架（SCF）[SCF]。在选择交付生命周期时，我们牢记的限制因素包括：

1. **团队技能**。两个持续交付（CD）生命周期要求团队具备大量的技能，并严守纪律。其他DAD生命周期也需要技能和纪律，但最突出的是这两个CD生命周期。在串联生命周期中，使用技能较低的人也能完成任务——由于串联生命周期的移交导向性质，你可以给每个阶段配备技能单一的专家。尽管如此，我们还是看到许多传统团队有技能很高的人员。
2. **团队和组织文化**。"敏捷"和"持续交付"生命周期需要团队内部以及与团队互动的组织各个部分具备灵活性。精益策略可以在灵活性各不相同的组织中应用。"串联"生命周期可以并且经常在非常死板的情境下应用。

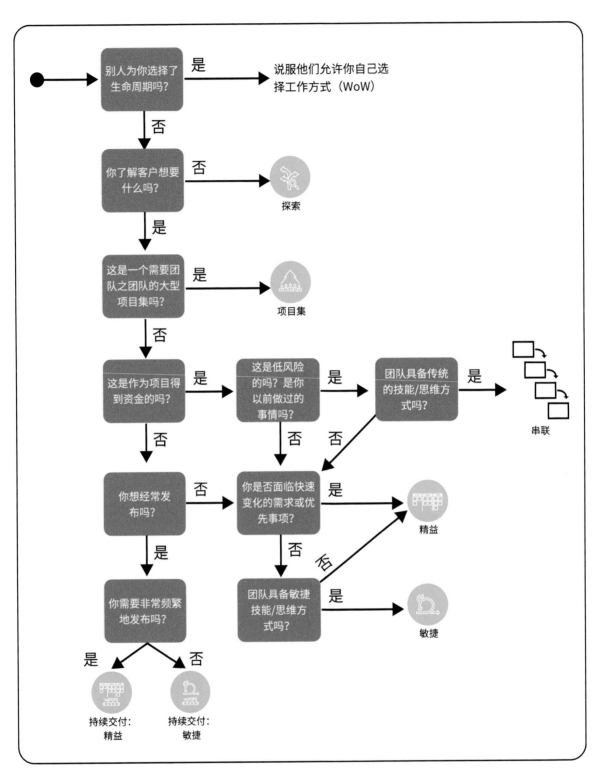

**图6.14** 有关选择初始生命周期的流程图。

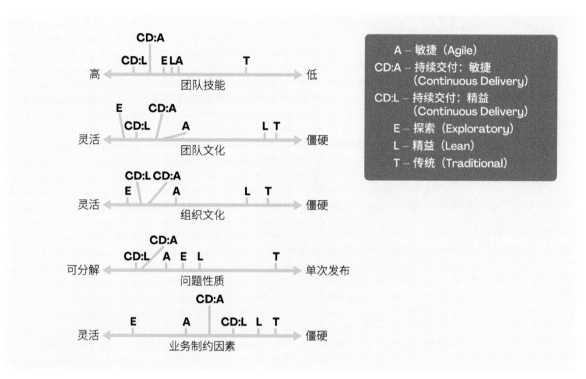

**图6.15 有关选择生命周期的甄选因素。**

3. **问题的本质。** 当你能以非常小的增量进行构建和发布时，"持续交付"生命周期就能发挥很好的作用。其他的DAD生命周期能以小的增量发挥很好的作用。"串联"生命周期其实是为大型发布而准备的。

4. **业务制约因素。** 这里的关键问题是利益相关者的有无以及意愿，不过财务/资金灵活性也很关键。"探索性"生命周期要求利益相关者具有灵活的、以客户为导向的、试验性的思维方式。敏捷也要求我们与利益相关者互动的方式具有灵活性，原因是敏捷生命周期往往需要发布完整功能。令人意外的是，"持续交付"生命周期对利益相关者的灵活性要求较低，原因是可以发布被关闭的功能，从而对发布功能的时间有更大的掌控（只需简单地切换到功能开启上）。

"演进工作方式（WoW）"过程目标包括一个决策点，涵盖了与六个DAD生命周期相关的权衡取舍，以及DAD尚未明确支持的其他几个生命周期（比如"串联"）。

## 具有共同里程碑的不同生命周期

在我们帮助采用DA的许多组织中，高层领导，通常还有中层管理人员，一开始都很不情愿让交付团队自行选择其工作方式（WoW）。个中的挑战在于，传统思维方式常常告诉他们，团队需要遵循同样的"可重复过程"，这样高层领导方可监督和指导这些团队。这种思维方式有两大误区：首先，我们可以在不强制执行共同过程的情况下，对各个团队进行共同治理。这方面的一个基本驱动因素是在整个生命周期中采用共同的、基于风险（而不是基于产物）的里程碑。这正是DAD的功用所在。这些共同的里程碑见图6.16所示。第二，可重复的结果远比可重复的过程重要。我们的利益相关者要求我们明智地使用他们的IT投资。他们希望我们产生并演进能够满足其实际需求的解决方案。他们希望迅速得到这些解决方案。他们希望这些解决方案能够使他们具有很强的市场竞争力。这几类结果都是利益相关者想要一再（反复）得到的，他们其实并不关心我们做这件事所遵循的过程。关于敏捷/精益团队的有效治理策略，更多内容请参阅"治理团队"过程目标。

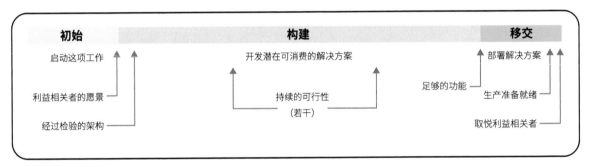

**图6.16 各个生命周期的共同里程碑。**

让我们更详细地探讨DAD的基于风险的里程碑：

1. **利益相关者的愿景。** "初始"阶段旨在花很短但足够的时间，通常是几天到几周，让利益相关者认同采取的方案是有意义的，应该继续进入"构建"阶段。通过处理DAD"初始"阶段的每一个目标，交付团队将获取**最初的**范围、技术、进度、预算、风险和其他信息相关的传统项目信息，只不过是以尽可能简单的方式。这些信息将被整合，并作为"发展共同愿景"过程目标所描述的愿景声明呈现给利益相关者。愿景的格式和审查的形式将根据你的情境有所不同。典型的做法是在"初始"阶段结束时，与关键的利益相关者一起审查一组简短的幻灯片，确保每个人在项目意图和交付方式上认识一致。

2. **已验证过的架构。** 早期缓解风险是任何良好工程学科的一项工作。正如"尽早证明架构"过程目标所表明的那样，你可以选择采取多种策略。其中最有效的策略是建立一个端到端的工作代码骨架，用来实施技术上有风险的业务需求。DAD架构负责人这个角色的一项关键责任是在"初始"阶段识别风险。预计这些风险将在"构建"阶段一到三个迭代之间的某个环节通过实施相关功能而得到降低或消除。作为应用这种方法的结果，早期的迭代审查/演示往往表明，解决方案能够支持功能需求和非功能需求，或者仅支持非功能需求。有鉴于此，让精通架构的利益相关者有机会参与这些里程碑的审查是很重要的。

## 明确的阶段和治理使敏捷更易于为管理层所接受

丹尼尔·加尼翁（Daniel Gagnon）在加拿大最大的两家金融机构任职近十年，一直处于敏捷实践和交付的最前沿。关于将DA用作总体的工具箱，他是这样说的："在我工作过的两家大型金融机构中，我着手展示用DA作为'顶层'方法的实用优势。在大型的复杂组织中进行过程定制，可以清楚地看到，有必要对四个（现在是五个）生命周期进行大量的环境特异性实施，而DA允许各种可能性，这是其他框架所无法做到的。然而，我们把这称为'结构化的自由'，因为所有的选择仍然受DA的'初始'、'构建'和'移交'等轻量级的、基于风险的里程碑制约。这些阶段是PMO所熟悉的，这意味着我们不是在对他们的坚固阵地进行正面攻击，而是以一种精益的、迭代的和增量的方式引入治理变革。"

3. **持续的可行性**。有待纳入发布进度表的一个可选里程碑与项目的可行性有关。在项目进行期间的某些时候，利益相关者可能会要求设定一个检查点，以确保在"初始"阶段结束时团队正朝着商定的愿景前进。制定这些里程碑的时间表可以确保利益相关者了解关键的日期，从而在这些日期与团队一起评估项目的状态，并在必要时同意做出更改。这些更改可包括任何方面，如资金到位的程度、团队的构成、范围、风险评估，甚至取消项目的可能性。在一个长期运行的项目中，可能有多个这样的里程碑。不过，与其进行这种里程碑审查，真正的解决办法是增加发布到生产中的频率。实际使用的情况，或缺乏这种使用情况，将会非常清楚地表明你的解决方案是否可行。

4. **足够的功能**。虽然值得在每个迭代结束时追求可消费解决方案（Scrum称之为潜在的可交付增量）的目标，但更常见的情况是，在团队实施足以部署的功能之前，还需要"构建"阶段的多次迭代。虽然这有时被称为最小可行性产品（MVP），但这不太准确，因为经典的MVP意在测试产品的可行性，而不是表明最小的可部署功能。与这个里程碑相比，更准确的术语是"最小功能集"或"最小业务增量"（MBI），如图6.11所示。MBI是对现有产品/服务的最小可行改进，可以为客户交付已实现的价值。MBI将包括一个或多个最小可市场化特性（MMF），而一个MMF可为解决方案的终端用户提供一个正面的结果。一个结果可能需要经由数个用户故事来实施。例如，在电商系统上搜索一个物品，如果无法把找到的物品添加到购物车中，那么对终端用户就没有任何价值。DAD的充分功能里程碑是在"构建"阶段结束时达到的，此时有一个MBI可用，并且将发布版移交给利益相关者所需的成本是合理的。举例来说，虽然每两周一次的迭代可以得到一个可消费解决方案的增量，但在一个高度合规的环境中，可能需要几周的时间来部署，因而可能需要完成更多的功能，部署成本才会变得合理。

5. **生产准备就绪**。一旦开发和测试了足够的功能，通常需要完成与移交有关的活动，如数据转换、最终验收测试、生产以及与支持相关的文档。理想情况下，作为完成每一个功能增量的一部分，大部分的工作已经在"构建"阶段连续完成。在某一时点，需要作出解决方案已经准备就绪可供生产的决定，这就是这个里程碑的目的。这两个基于项目的生命周期包括"移交"阶段。在这个阶段，"生产准备就绪"里程碑通常以审查的形式加以实施。在另一方面，两个持续交付生命周期有完全自动化的移交/发布活动。在此期间，这个里程碑是以编程方式解决的——通常情况下，解决方案必须通过自动化回归测试，而且自动化分析工具必须确定解决方案达到足够的质量。

## MVP与MBI

丹尼尔·加尼翁提供了这样的建议：把MVP看作是组织出于**自私**的原因而做的事情。其目的是学习，而不是为客户提供一个羽翼丰满的（或者有时甚至是功能模糊的）解决方案，MBI则是**利他**的，它完全是为了客户的需求。

6. **取悦利益相关者**。治理部门和其他利益相关者显然想知道某项举措何时正式结束，以便他们可以开始另一次发布或将资金用于其他地方。该举措并不会因为解决方案得到部署而结束。对于项目来说，在解决方案被认为完整之前，通常会有一些收尾活动，如培训、部署的微调、支持服务的交接、实施后的审查，甚至是保修期。DA的原则之一是取悦客户，这表明让客户"满意"这样的标准定得太低。我们需要验证我们是否取悦了利益相关者（通常是通过收集和分析适当的指标），有时称为"效益实现"。

## 生命周期只是起点

DAD团队通常会从一个生命周期演进到另一个生命周期。这是因为DAD团队一直在通过他们的经验和有目的的试验，努力"优化工作流"，以改进其工作方式（WoW）。图6.17显示了我们目睹团队所经历的常见演变路径。图6.17中显示的时间反映的是在团队得到规范敏捷（DA）培训和规范敏捷教练（DAC）™支持的情况下我们根据经验得出的时间。如果没有这些支持，预计平均时间会更长，总成本也很可能更高。帮助传统团队转向更有效的工作方式（WoW）时，一个常见的方法是以"敏捷"生命周期为起点。这是一种"不成功便成仁"的方法。经验表明它可以非常有效，但在抵制变革的文化中，事实证明可能会很难实施。图中显示的第二条路径是用精益看板[Anderson]的方法来启动传统团队。团队从现有的工作方式（WoW）开始，通过诸多小的变化逐渐演进到"精益"生命周期中。虽然这样做造成的混乱较小，但可导致改进速度大幅度减慢，因为团队往往继续以孤岛方式工作，看板上的栏目显示的都是传统的专业。

### 生命周期的演进是一件好事

要明确的是，我们认为Scrum很好，而且它是两个敏捷生命周期的核心。然而，我们看到敏捷界对其规定性方面的反弹越来越强烈。正如我们在《规范敏捷交付导言》（*Introduction to Disciplined Agile Delivery*）一书中所述，在实践中，我们经常看到先进的敏捷/Scrum团队在"精益求精"过程中剥离了Scrum中的过程浪费，如日常会议、计划、估算和回顾。Scrum界迅速排斥这种行为，认为这样做只有部分属于Scrum，但不是全部。然而，我们认为这是一种自然的演进，因为团队以交付附加值取代了造成浪费的活动。这些团队每天从早到晚都很自然地在协作，这意味着他们不需要以延迟的节奏进行这类仪式，而倾向于在需要时按照JIT来做这些事情。我们认为这是一件很好很自然的事情。

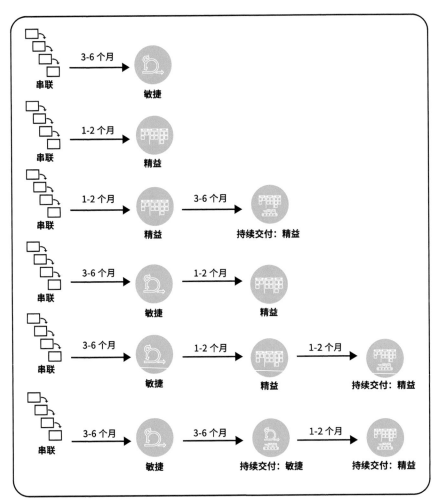

**图6.17 共同的生命周期演变路径。**

图6.17没有显示"项目集"或"探索性"生命周期的位置。首先，在某些方面，它确实适用于"项目集"生命周期。你可以采取敏捷项目集方法（类似于Nexus、SAFe和LeSS等规模化框架在实践中的做法）。在这种情况下，项目集会以定期的节奏（例如每季度一次）发布大型增量。你也可以采取精益项目集方法，即子团队用一种"串流方式"将功能移交生产，然后在合乎情理的情况下在项目集层级开启该功能。第二，该图的重点是全面交付的生命周期，而"探索性"生命周期本身并不是一个全面交付的生命周期。它通常被用来测试有关潜在市场提供物的假设。当这个假设想法被充分具体化，并且看起来该产品会成功时，团队就会转入图6.17中的某一个交付生命周期。这样一来，它取代了团队在"初始"阶段的很大一部分工作。另一个常见的情景是，一个团队在开发过程中想到了关于主要功能的新点子，而这个新点子需要在正式投入开发力量之前加以深入探索。于是，团队会转入"探索性"生命周期，只要能使这个功能想法具体化或否定其市场可行性就可以了。

## 小结

在本章中，我们探讨了几个关键概念：

- 在你所在组织中，有些团队仍然会遵循串联生命周期——DAD明确承认这一点，但并不为这种正在缩减的工作类别提供支持。
- DAD提供了在六种基于敏捷或精益策略的解决方案交付生命周期（SDLC）之间作出选择然后演进所需的支架。
- 基于项目的生命周期，即使是敏捷和精益的生命周期，也要经历一些阶段。
- 每个生命周期都有其优点和缺点；每个团队需要挑选一个最能反映其环境的生命周期。
- 共同的、基于风险的里程碑能够实现一致治理——你不需要把同样的过程强加给所有的团队，就能够治理团队。
- 团队将从某个给定的生命周期开始，并通常在不断改进其工作方式（WoW）的过程中演进，逐渐脱离这个生命周期。

# 第七章

## 规范的成功

有些人说规范敏捷交付（DAD）"复杂"，因为它侧重于帮助你选择一种适合目的的工作方式（WoW），而不是简单地告诉你需要遵循的少量"最佳实践"。这很遗憾，因为棘手的事实是，IT解决方案的有效交付从来就不简单，也永远不会简单。规范敏捷（DA）工具箱只是为我们身为企业级环境中专业人士所面临的固有复杂性举起了一面镜子，并为你提供了驾驭这种复杂性的工具。

### 如果你在做敏捷，就已经在使用DA了。

例如，让我们想一想Scrum。Scrum是DAD其中两个生命周期的子集。所以，只要你是在做Scrum，基本上就是在做某种形式的DAD。但是，如果你说的只是Scrum，那么你很可能没有意识到你应该思考的一些问题，或者没有使用一些补充实践来帮助你获得最大的成效。根据我们的经验，如果你在敏捷效率方面遇到问题，那么你可能是还不知道有什么策略可以帮助你，或者是由没有经验、没有知识、或者纯粹派的敏捷教练在给你提供建议。

### DA是企业级敏捷

遗憾的是，我们的行业充满了"思想领袖"，他们之所以相信自己的方式是唯一正确的方式，往往是因为他们只了解自己的方式。DA是基于对众多行业、组织和所有类型的举措（基于项目和产品，无论大小）所得出的经验式观察。DA之所以是这样一个有用的工具箱，原因之一是其固有的灵活性和适应性。DA**之所以有意义**，是因为它重视以下几点：

1. 务实和不可知论而不是纯粹派的方法；
2. 环境驱动型决策**而不是**一刀切的方法；以及
3. 策略的选择**而不是**规定性的方法。

如果你是一家"Scrum店"，那你很可能错过了一些优化你工作方式的好机会。在许多情况下，Scrum实际上是一个非常糟糕的生命周期。这就是为什么你的组织有团队采取基于精益/看板的方法，或者其他非Scrum的方法，即使是在你读到这句话的时候也不例外。如果你只依赖Scrum，或基于Scrum的规模化框架，如SAFe、Nexus或LeSS，我们建议你用DA来扩展你的视野，接触到更合适的方法和实践。

## 更快学习，更早成功

敏捷很喜欢"快速失败"这个词，意思是我们越快失败，越快从错误中学习，就越快达到我们需要的效果。我们的经验是，通过参考基于环境的成熟策略，我们会减少失败，更早成功。在日常工作中，我们不断地做出决定，这就是为什么我们把DA称为一个过程-决策工具箱的缘故。如果不参考该工具箱来帮助决策，有时我们要么忘记所需考虑的事情，要么在用哪种办法做试验来改进工作方式（WoW）的问题上做出错误的决定。DA为讨论提供了决策点，使隐含的东西变得明确。例如，在"初始"阶段开始某个举措并参考"开发测试策略"目标图时，就像一个教练拍着你的肩膀问："怎么测试这个东西？"；"需要什么环境？"；"从哪里获得数据？"；"有哪些工具？"；"在多大程度上自动化，多大程度上手动？"；以及"先测试还是后测试？"通过将这些关键的决定交由你的团队来明确考虑，我们减少了遗忘事项的风险，并使你有更多机会选出对你适用的策略。我们把这称为引导持续改进（GCI）。

## 使用DA浏览器

我们在PMI.org/disciplined-agile/process/introduction-to-dad/process-goals发布了目标图，以便你快速参考。如果你想访问目标图背后的细节，可以在PMI.org/disciplined-agile/da-browser上在线查阅。在实践中，我们经常在辅导中提到目标图，指出为什么某些实践在某些情况下不如其他实践有效，以及我们应该考虑哪些替代方案。带着你最喜欢的设备去参加回顾会议。如果你的团队在有效地达到某个过程目标方面有困难，就查看一下你可以试验哪些选项和工具来补救这种情况。如果你是教练，DA应该使你更有效地帮助团队理解他们所拥有的选择和权衡取舍。

## 投资于认证，留住新知识

我们相信，你在本书中了解到的新办法将使你成为一个更好的敏捷实践者，增加你在各项举措上的成功机会。关键是不要让这些新想法从记忆中淡忘。我们鼓励你通过学习这些内容、准备并参加认证考试来巩固这些新的知识。这些考试是有难度的，但考试通过后拿到的有价值而又可信的证书，完全可以用来更新你的领英（LinkedIn）个人资料。根据我们合作公司的观察，投资于学习和认证的团队，能够作出更好的决定，因此比那些不了解自身选项和权衡取舍的团队更有效率。更好的决定带来更好的结果。

投资于本材料的学习，并通过认证来证明学习成果。你会是一个更好的敏捷实践者，周围的人会注意到这一点。你可以在PMI.org/certifications/agile-certifications了解更多关于PMI®敏捷认证之旅的信息。

## 请参与进来

我们也建议你参与到规范敏捷群体中来。新的想法和实践在业内涌现，并不断被纳入DA。让我们互相学习，共同进步并精通我们的技艺。

# 参考文献

[AgileDocumentation] *Agile/Lean Documentation: Strategies for Agile Software Development.* AgileModeling.com/essays/agileDocumentation.htm

[AgileModeling] Agile Modeling Home Page. AgileModeling.com

[AmblerLines2012] *Disciplined Agile Delivery: A Practitioner's Guide to Agile Software Delivery in the Enterprise.* Scott Ambler & Mark Lines, 2012, IBM Press.

[AmblerLines2017] *An Executive's Guide to Disciplined Agile: Winning the Race to Business Agility.* Scott Ambler & Mark Lines, 2017, Disciplined Agile Consortium.

[Anderson] *Kanban: Successful Evolutionary Change for Your Technology Business.* David J. Anderson, 2010, Blue Hole Press.

[Beck] *Extreme Programming Explained: Embrace Change (2nd Edition).* Kent Beck & Cynthia Andres, 2004, Addison-Wesley Publishing.

[Brooks] *The Mythical Man-Month, 25th Anniversary Edition.* Frederick P. Brooks Jr., 1995, Addison-Wesley.

[CMMI] *The Disciplined Agile Framework: A Pragmatic Approach to Agile Maturity.* DisciplinedAgileConsortium.org/resources/Whitepapers/DA-CMMI-Crosstalk-201607.pdf

[CockburnHeart] Heart of Agile Home Page. HeartOfAgile.com

[CoE] Centers of Excellence (CoE). PMI.org/disciplined-agile/people/centers-of-excellence

[ContinuousImprovement] Continuous Improvement. PMI.org/disciplined-agile/process/continuous-improvement

[CoP] Communities of Practice (CoPs). PMI.org/disciplined-agile/people/communities-of-practice

[Coram] *Boyd: The Fighter Pilot Who Changed the Art of War.* Robert Coram, 2004, Back Bay Books.

[Cynefin] *A Leader's Framework for Decision Making.* David J. Snowden & Mary E. Boone, *Harvard Business Review*, 2007年十一月 . hbr.org/2007/11/a-leaders-framework-for-decision-making

[DABrowser] The Disciplined Agile Browser. PMI.org/disciplined-agile/da-browser

[DADRoles] Roles on DAD Teams. PMI.org/disciplined-agile/people/roles-on-dad-teams

[DAHome] Disciplined Agile Home Page. PMI.org/disciplined-agile

[DALayers] Layers of the Disciplined Agile Tool Kit. PMI.org/disciplined-agile/ip-architecture/layers-of-the-disciplined-agile-tool-kit

[Deming] *The New Economics for Industry, Government, Education.* W. Edwards Deming, 2002, MIT Press.

[Denning] *The Agile of Agile: How Smart Companies Are Transforming the Way Work Gets Done.* Stephen Denning, 2018, AMACON.

[Doer] *Measure What Matters: How Google, Bono, and the Gates Foundation Rock the World with OKRs.* John Doer, 2018, Penguin Publishing Group.

[DSDM] *Dynamic Systems Development Method (DSDM).* Jennifer Stapleton, 1997, Addison-Wesley Professional.

[ExecutableSpecs] *Specification by Example: How Successful Teams Deliver the Right Software.* Gojko Adzic, 2011, Manning Press.

[Fowler] *The State of Agile Software in 2018.* Martin Fowler, MartinFowler.com/articles/agile-aus-2018.html

[Gagnon] *A Retrospective on Years of Process Tailoring Workshops.* Daniel Gagnon, 2018, ProjectManagement.com/blog-post/61957/A-retrospective-on-years-of-process-tailoring-workshops

[GenSpec] *Generalizing Specialists: Improving Your IT Career Skills.* AgileModeling.com/essays/generalizingSpecialists.htm

[Goals] Process Goals. PMI.org/disciplined-agile/process-goals

[Goldratt] *The Goal: A Process of Ongoing Improvement—3rd Revised Edition.* Eli Goldratt, 2004, North River Press.

[Google] *Five Keys to a Successful Google Team.* Julia Rozovsky, n.d., https://rework.withgoogle.com/blog/five-keys-to-a-successful-google-team/

[GQM] *The Goal Question Metric Approach.* Victor R. Basili, Gianluigi Caldiera, & H. Dieter Rombach,1994, http://www.cs.toronto.edu/~sme/CSC444F/handouts/GQM-paper.pdf

[Highsmith] *Agile Software Development Ecosystems.* Jim Highsmith, 2002, Addison-Wesley.

[Host] The Host Leadership Community. HostLeadership.com

[HumbleFarley] *Continuous Delivery: Reliable Software Releases through Build, Test, and Deployment Automation.* Jez Humble & David Farley, 2010, Addison-Wesley Professional.

[Kim]. *DevOps Cookbook.* RealGeneKim.me/devops-cookbook/

[Kerievsky] *Modern Agile.* ModernAgile.org/

[Kersten] *Project to Product: How to Survive and Thrive in the Age of Digital Disruption With the Flow Framework.* Mik Kersten, 2018, IT Revolution Press.

[Kerth] *Project Retrospectives: A Handbook for Team Reviews.* Norm Kerth, 2001, Dorset House.

[Kotter] *Accelerate: Building Strategic Agility for a Faster Moving World.* John P. Kotter, 2014, Harvard Business Review Press.

[Kruchten] *The Rational Unified Process: An Introduction 3rd Edition.* Philippe Kruchten, 2003, Addison-Wesley Professional.

[LeanChange1] *The Lean Change Method: Managing Agile Organizational Transformation Using Kanban, Kotter, and Lean Startup Thinking.* Jeff Anderson, 2013, Createspace.

[LeanChange2] Lean Change Management Home Page. LeanChange.org

[LeSS] *The LeSS Framework.* LeSS.works.

[LifeCycles] Full Agile Delivery Life Cycles. PMI.org/disciplined-agile/lifecycle

[Liker] *The Toyota Way: 14 Management Principles from the World's Greatest Manufacturer.* Jeffery K. Liker, 2004, McGraw-Hill.

[LinesAmbler2018] *Introduction to Disciplined Agile Delivery 2nd Edition: A Small Agile Team's Journey from Scrum to Disciplined DevOps.* Mark Lines & Scott Ambler, 2018, Project Management Institute.

[Manifesto] *The Agile Manifesto.* AgileManifesto.org

[MCSF] *Team of Teams: New Rules of Engagement for a Complex World.* S. McChrystal, T. Collins, D. Silverman, & C. Fussel, 2015, Portfolio.

[Meadows] *Thinking in Systems: A Primer.* Daniella H. Meadows, 2015, Chelsea Green Publishing.

[Nonaka] *Toward Middle-Up-Down Management: Accelerating Information Creation.* Ikujiro Nonaka, 1988, https://sloanreview.mit.edu/article/toward-middleupdown-management-accelerating-information-creation/

[Nexus] *The Nexus Guide.* Scrum.org/resources/nexus-guide

[Pink] *Drive: The Surprising Truth About What Motivates Us.* Daniel H. Pink, 2011, Riverhead Books.

[Poppendieck] *The Lean Mindset: Ask the Right Questions.* Mary Poppendieck & Tom Poppendieck, 2013, Addison-Wesley Professional.

[Powers] *Powers' Definition of the Agile Mindset.* AdventuresWithAgile.com/consultancy/powers-definition-agile-mind-set/

[Prison] Tear Down the Method Prisons! Set Free the Practices! I. Jacobson & R. Stimson, *ACM Queue*, 2019年一月/二月 .

[Reifer] *Quantitative Analysis of Agile Methods Study (2017): Twelve Major Findings.* Donald J. Reifer, 2017, InfoQ.com/articles/reifer-agile-study-2017

[Reinertsen] *The Principles of Product Development Flow: Second Generation Lean Product Development.* Donald G. Reinertsen, 2012, Celeritis Publishing.

[ReleaseManagement] Release Management. PMI.org/disciplined-agile/process/release-management

[Ries] *The Lean Startup: How Today's Entrepreneurs Use Continuous Innovation to Create Radically Successful Businesses*. Eric Ries, 2011, Crown Business.

[RightsResponsibilities] Team Member Rights and Responsibilities. PMI.org/disciplined-agile/people/rights-and-responsibilities

[Rubin] *Essential Scrum: A Practical Guide to the Most Popular Process*. Ken Rubin, 2012, Addison-Wesley Professional.

[SAFe] *SAFe 4.5 Distilled: Applying the Scaled Agile Framework for Lean Enterprises (2nd Edition)*. Richard Knaster & Dean Leffingwell, 2018, Addison-Wesley Professional.

[SCF] *Scaling Agile: The Situation Context Framework*. PMI.org/disciplined-agile/agility-at-scale/tactical-agility-at-scale/scaling-factors

[SchwaberBeedle] *Agile Software Development With SCRUM*. Ken Schwaber & Mike Beedle, 2001, Pearson.

[Schwartz] *The Art of Business Value*. Mark Schwartz, 2016, IT Revolution Press.

[ScrumGuide] *The Scrum Guide*. Jeff Sutherland & Ken Schwaber, 2018, Scrum.org/resources/scrum-guide

[SenseRespond] *Sense & Respond: How Successful Organizations Listen to Customers and Create New Products Continuously*. Jeff Gothelf & Josh Seiden, 2017, Harvard Business Review Press.

[Sheridan] *Joy, Inc.: How We Built a Workplace People Love*. Richard Sheridan, 2014, Portfolio Publishing.

[SoftDev18] *2018 Software Development Survey Results*. Ambysoft.com/surveys/softwareDevelopment2018.html

[Sutherland] *Scrum: The Art of Doing Twice the Work in Half the Time*. Jeff Sutherland & J. J. Sutherland, 2014, Currency.

[Tailoring] Process Tailoring Workshops. PMI.org/disciplined-agile/process/process-tailoring-workshops

[TDD] *Introduction to Test-Driven Development (TDD)*. Scott Ambler, 2004, AgileData.org/essays/tdd.html

[WomackJones] *Lean Thinking: Banish Waste and Create Wealth in Your Corporation*. James P. Womack & Daniel T. Jones, 1996, Simon & Schuster.

[WickedProblemSolving] Wicked Problem Solving. PMI.org/wicked-problem-solving

# 缩略词表

| | | |
|---|---|---|
| AIC | Agile industrial complex / 敏捷工业综合体 | |
| AINO | Agile in name only / 有名无实的敏捷 | |
| AO | Architecture owner / 架构负责人 | |
| ATDD | Acceptance test-driven development / 验收测试驱动开发 | |
| BA | Business analyst / 业务分析人员 | |
| BDD | Behavior-driven development / 行为驱动开发 | |
| CAS | Complex adaptive system / 复杂适应系统 | |
| CCB | Change control board / 变更控制委员会 | |
| CD | Continuous deployment / 持续部署 | |
| CI | continuous integration / 持续整合 | |
| | continuous improvement / 持续改进 | |
| CMMI | Capability Maturity Model Integration / 能力成熟度模型集成 | |
| CoE | center of expertise / 专家中心 | |
| | center of excellence / 卓越中心 | |
| CoP | Community of practice / 实践社群 | |
| COTS | Commercial off the shelf / 商用现货 | |
| DA | Disciplined Agile / 规范敏捷 | |
| DAE | Disciplined Agile Enterprise / 规范敏捷企业 | |
| DBA | Database administrator / 数据库管理员 | |
| DevOps | Development-Operations / 开发—运维 | |
| DoD | Definition of done / 完成的定义 | |
| DoR | Definition of ready / 准备就绪的定义 | |
| EA | enterprise architect / 企业架构师 | |
| | enterprise architecture / 企业架构 | |
| FT | Functional testing / 功能测试 | |
| GCI | Guided continuous improvement / 引导持续改进 | |
| GQM | Goal question metric / 目标问题度量 | |
| ISO | International Organization for Standardization / 国际标准化组织 | |
| IT | Information technology / 信息技术 | |
| ITIL | Information Technology Infrastructure Library / IT基础架构库 | |
| JIT | Just in time / 准时制 | |
| KPI | Key performance indicator / 关键绩效指标 | |
| LeSS | Large Scale Scrum / 大规模敏捷开发 | |
| MBI | Minimum business increment / 最小业务增量 | |
| MMF | Minimum marketable feature / 最小可市场化特性 | |
| MMP | Minimum marketable product / 最小可市场化产品 | |
| MMR | Minimum marketable release / 最小可市场化发布 | |
| MVC | Minimal viable change / 最小可行性变化 | |
| MVP | Minimum viable product / 最小可行性产品 | |
| OKR | Objectives and key results / 目标与关键成果 | |
| OODA | Observe-orient-decide-act / 观察-调整-决策-行动 | |

| | |
|---|---|
| PDCA | Plan-do-check-act / 计划-实施-检查-行动 |
| PDSA | Plan-do-study-act / 计划-执行-学习-行动 |
| PI | Program increment / 项目集增量 |
| PM | Project manager / 项目经理 |
| PMI | Project Management Institute / 项目管理协会 |
| PMO | Project management office / 项目管理办公室 |
| PO | Product owner / 产品负责人 |
| PoC | Proof of concept / 概念验证 |
| ROI | Return on investment / 投资回报率 |
| RUP | Rational Unified Process / 统一软件开发过程 |
| SAFe | Scaled Agile Framework / 规模化敏捷框架 |
| SCF | Situation Context Framework / 情景语境框架 |
| SDLC | system delivery life cycle / 系统交付生命周期 |
| | software delivery life cycle 软件交付生命周期 |
| | solution delivery life cycle / 解决方案交付生命周期 |
| SLA | Service-level agreement / 服务级别协议 |
| SME | Subject matter expert / 主题专家 |
| TDD | Test-driven development / 测试驱动开发 |
| ToC | Theory of constraints / 约束理论 |
| UAT | user acceptance test / 用户接受测试 |
| | user acceptance testing / 进行用户接受测试 |
| UI | User interface / 用户界面 |
| UP | Unified process / 统一过程 |
| WIP | Work in process / 在制品 |
| XP | Extreme Programming / 极限编程 |

# 索引

# 关于作者

斯科特·安布勒（Scott W. Ambler）是美国项目管理协会负责规范敏捷的副总裁和首席科学家，领导DA工具箱的开发。斯科特与马克·莱恩斯（Mark Lines）是规范敏捷（DA）工具箱的共同创始人。斯科特也是敏捷建模（Agile Modeling，AM）、敏捷数据（Agile Data，AD）和企业统一过程（Enterprise Unified Process，EUP）方法论的创始人。他是数本书的合著者，包括《规范敏捷交付》（Disciplined Agile Delivery）、《重构数据库》（Refactoring Databases）、《敏捷建模》（Agile Modeling）、《敏捷数据库技术》（Agile Database Techniques）、《对象入门（第三版）》（The Object Primer – Third Edition）等。斯科特经常担任会议主题演讲嘉宾，在ProjectManagement.com上发表博客。你可以在Twitter上关注他，他的帐号是@scottwambler。

马克·莱恩斯是美国项目管理协会负责规范敏捷的副总裁，也是规范敏捷研究员。他是DA工具箱的共同创始人，并与斯科特·安布勒合著了数本关于规范敏捷的书。马克经常担任会议主题演讲嘉宾。你可以在Twitter上关注他，他的帐号是@mark_lines。